编委会

中等职业教育旅游类示范院校"十四五"规划教材

总主编

叶娅丽　成都纺织高等专科学校教授
　　　　成都旅游导游协会副会长
　　　　四川教育学会研学实践专业委员会学术专委会秘书长

编　委（排名不分先后）

庄剑梅　成都工程职业技术学校　高级教师
张　力　成都市礼仪职业中学　高级教师
徐永志　成都电子信息学校　一级教师
刘　燕　成都电子信息学校　一级教师
李玉梅　成都电子信息学校　一级教师
廖　蓉　成都市蜀兴职业中学　一级教师
吴志明　四川省会理现代职业技术学校　一级教师
周　艳　南充文化旅游职业学院　讲师
李　桢　四川省宜宾市职业技术学校　一级教师
汪远芳　三台职业技术学校　高级教师
刘斯瑗　富顺职业技术学校　一级教师
任　英　四川省峨眉山市职业技术学校　一级教师
黄克友　青川县职业高级中学　高级教师
王惠全　四川省广元市职业高级中学校　高级教师
王叔杰　四川省南江县小河职业中学　高级教师
林　玲　四川省工业贸易学校　一级教师
舒小朵　成都天府新区职业学校　一级教师

中等职业教育旅游类示范院校"十四五"规划教材

总主编 ◎ 叶娅丽

客房服务实训

Kefang Fuwu Shixun

主　编 ◎ 周　艳
副主编 ◎ 汪远芳
参　编 ◎ 何丽均　朱菁菁　夏　晓

华中科技大学出版社
http://www.hustp.com
中国·武汉

内 容 提 要

本书是酒店客房部工作的实训教材,主要内容包括客房部理论基础知识、客房部员工职业道德和素质要求、客房常规卫生清扫程序、客房计划卫生、对客服务基本规范要求、客房安全等。

本书结构简明,条理清晰,逻辑严谨,内容丰富,图、表、文并茂。同时,参考了客房服务的最新理论研究成果和酒店实践经验,既具有理论的科学性,也具有实用的操作性。

本书适合作为中职高星级酒店运营与管理专业、旅游管理等专业的教材,还可作为酒店客房部的培训教材和业务指导用书。

图书在版编目(CIP)数据

客房服务实训/周艳主编. —武汉:华中科技大学出版社,2020.7
中等职业教育旅游类示范院校"十四五"规划教材
ISBN 978-7-5680-6370-8

Ⅰ.①客… Ⅱ.①周… Ⅲ.①客房-商业服务-职业高中-教材 Ⅳ.①F719.2

中国版本图书馆 CIP 数据核字(2020)第 123994 号

客房服务实训 周 艳 主编
Kefang Fuwu Shixun

策划编辑:胡弘扬 李 欢	
责任编辑:李家乐	
封面设计:原色设计	
责任校对:李 琴	
责任监印:周治超	
出版发行:华中科技大学出版社(中国·武汉)	电话:(027)81321913
武汉市东湖新技术开发区华工科技园	邮编:430223
录　　排:华中科技大学惠友文印中心	
印　　刷:武汉科源印刷设计有限公司	
开　　本:787mm×1092mm　1/16	
印　　张:8.25	
字　　数:189千字	
版　　次:2020年7月第1版第1次印刷	
定　　价:39.80元	

本书若有印装质量问题,请向出版社营销中心调换
全国免费服务热线:400-6679-118　竭诚为您服务
版权所有　侵权必究

总序

2019年2月13日,国务院发布了《国家职业教育改革实施方案》,明确指出,坚持以习近平新时代中国特色社会主义思想为指导,把职业教育摆在教育改革创新和经济社会发展中更加突出的位置。优化教育结构,把发展中等职业教育作为普及高中阶段教育和建设中国特色职业教育体系的重要基础。建设一大批校企"双元"合作开发的国家规划教材,倡导使用新型活页式、工作手册式教材并配套开发信息化资源。为了落实《国家职业教育改革实施方案》意见,打造"以职业能力目标为导向,构建基于工作体系的中职课程体系",华中科技大学出版社组织编写了中等职业教育旅游类示范院校"十四五"规划教材。该套教材具有以下几个特点。

1. 理念先行,调研在前

本着务实的态度,我们在编写前对全国百余所中职旅游类学校进行了问卷调研,了解各校的专业建设、课程开发及教材使用等情况;举办了中职旅游类教材建设研讨会,对每本大纲进行了研讨和修改,保证了本套教材体例和内容的一致性;采访了中职旅游类专业负责人、一线教师和用人单位,了解了中职教育的现状和存在的问题,明确了教材编写的要求。在经过充分调研的基础上,汇聚一大批全国高水平旅游院校学科带头人,合力编写了该套教材。

2. 定位准确,强调职教

职业教育的目的是培养应用型人才和具有一定文化水平和专业知识技能的劳动者,与普通教育相比较,职业教育侧重于实践技能和实际工作能力的培养。本套教材没有盲目照搬普通教育模式,而是根据旅游职教模式自身的特点,突出了旅游工作岗位的实践技能和实际工作能力的培养。

3. 立足中职,衔接高职

2014年国务院颁布了《关于加快发展现代职业教育的决定》,明确指出,建立健全课程衔接体系。推进中等和高等职业教育培养目标、专业设置、教学过程等方面的衔接,形成对接紧密、特色鲜明、动态调整的职业教育课程体系。高等职业学校重点是培养服务区域发展的高素质技术技能人才,而本套教材是按照中等职业教育的要求,强化了文化素养,围绕培养德智体美全面发展的高素质劳动者和技能型人才来编写的,重点培养旅游行业的高素质劳动者和技能型人才。

4. 对接企业岗位，实用性强

该套教材按照职业教育"课程对接岗位"的要求，优化了教材体系。针对旅游企业的不同岗位，出版了不同的课程教材，如针对景区讲解员岗位出版了《景区讲解技巧》《四川景区讲解技巧实训》等教材；针对旅行社导游出版了《导游基础知识》《导游实务》等教材；针对前厅服务员出版了《前厅服务实训》《旅游服务礼仪》等教材，保证了课程与岗位的对接，符合旅游职业教育的要求。

5. 资源配备，搭建教学资源平台

该套教材以建设教学资源数据库为核心，每本书配有图文并茂的课件，习题及参考答案，考题及参考答案，便于教师参考，学生练习和巩固所学知识。

叶娅丽

2020 年 3 月 10 日

前言

本书为中等职业学校高星级酒店运营与管理专业、旅游管理专业的实训教材,内容主要包括客房部理论基础知识、客房部员工职业道德和素质要求、客房常规卫生清扫程序、客房计划卫生、对客服务基本规范要求、客房安全等。本书以酒店客房部实践能力为主、理论概念为辅,强调培养学生的职业能力和职业素养,培育学生的综合实践能力,突出如下三个特点。

第一,注重教材内容与客房部实际工作的对等性。编者紧密结合国内外酒店的发展和客房部工作的实际需求,注重部门业务操作流程,以高星级酒店中客房部所面对的各类服务和所需的各种实践技能为核心进行编写,内容与酒店客房部的实际工作任务达到一致。

第二,采用任务制教学的实用性。采用项目任务制进行全书的框架搭建,通过"项目目标""知识框架""项目导入""项目小结""项目训练"等进行项目化教学。项目中安排不同任务,通过"任务引入""任务剖析""任务实施""任务拓展"进行教学和学习。将酒店客房部实际工作分项目进行教学,使教学条理清晰、层次分明、紧贴实际。

第三,侧重学生综合能力的培养。结合酒店实际需求,本书在每一项目中增加相应的案例导入,便于在实践操作中培养和提高学习者的综合能力,尤其是解决问题的能力,强化学习者的综合能力和素质。

本书的编写分工如下:项目一、项目二由汪远芳(三台职业技术学校)编写,项目三由何丽均(成都市礼仪职业中学)、周艳(南充文化旅游职业学院)编写,项目四由夏晓(四川省峨眉山市职业技术学校)编写,项目五由朱菁菁(四川省峨眉山市职业技术学校)编写。周艳负责统稿。

在编写过程中,编写组成员参考、查阅了大量资料,同时得到了酒店业界许多朋友的支持与帮助,提供了大量有参考价值的专业资料,书中部分照片和表格来自成都新东方千禧大酒店,在此向他们表示由衷的感谢。

由于编者认知水平和实际工作环境的局限,书中难免存在不妥之处,敬请广大读者批评指正。

项目一　认识客房　1

　　任务一　客房及床的种类 /2
　　任务二　客房的功能区域和客房用品 /10

项目二　客房部服务　22

　　任务一　客房服务员 /24
　　任务二　客房优质服务 /29

项目三　客房清扫　38

　　任务一　清扫准备 /39
　　任务二　客房清扫 /44
　　任务三　各类房态的清扫 /50
　　任务四　客房计划卫生与设备、用品清洁保养 /61

项目四　对客服务　67

　　任务一　楼面常规服务 /69

　　　　任务二　特殊情况处理 /79

89　项目五　客房安全

　　　　任务一　预防安全隐患 /91
　　　　任务二　消防安全 /96
　　　　任务三　处理突发事故 /100

107　附录　客房部工作用语(中英文对照)

118　参考文献

项目一
认识客房

项目目标

掌握常见的客房类型和床的种类;熟悉客房功能区域及其主要设备;了解酒店客房用品常见的摆放方法。

职业知识目标:
1. 掌握客房和床的种类。
2. 掌握客房功能区域。
3. 了解客房用品及其摆放。

职业能力目标:
1. 能识别客房和床的类型。
2. 熟知客房的各功能区域。
3. 培养学生的观察能力及总结归纳能力。

职业素养目标:
1. 通过了解客房的规范性、专业性来培养学生的职业认同感和自豪感。
2. 培养学生的专业服务意识和学习技能意识。

知识框架

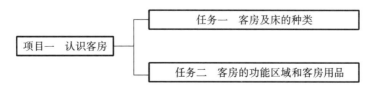

教学重点

常见的客房种类和客房的功能区域及其主要设备的配置。

教学难点

客房类型　客房功能区域　客房用品的摆放

项目导入

国庆节期间,各大酒店爆满。某旅行社在一家经济型酒店预订了十四间客房,由于经济原因,要求最好是三人间,而酒店没有三人间,于是只好在房内加床,旅行社无奈之中,同意加床。

在旅游团中初次认识的王、李、张三位小姐。被安排在701房间,然而,她们发现这间标间里面是两张单人床。于是请旅游团领队徐先生来协调,徐先生向三位小姐解释:"这家酒店没有三人间,只能提供加床服务,还请各位理解。"三位小姐只能无奈接受,但仍嘟哝:"为什么酒店不多设置一些三人间呢?"

案例研讨:
1. 在此案例中,客人的不满给酒店带来了什么信息?
2. 酒店有哪些类型的客房?分别适合什么类型的客人居住?

任务一　客房及床的种类

任务引入

寒假快到了,小明(3岁)妈妈计划一家三口到三亚去度假,因此她想订一间(套)适合一家三口居住的客房。请你分别从节约和舒适两个角度思考,小明妈妈需要什么样的房型?你能帮小明妈妈完成客房预订吗?

任务剖析

客房是酒店为客人准备用于住宿以及休闲娱乐等服务的场所;是客人在酒店使用率最

高、停留时间最长的地方。因此,为满足不同客人的需求而设计不同的客房类型并对客房进行精心设计就显得尤为重要。

一、客房的种类

客房的分类方法很多,通常有以下几种分类方法。

(一) 根据构成单位客房的房间数量分类

1. 单间客房

单间客房由一个房间、卫生间和其他设施组成,为适应不同客人的需求,单间客房有以下几种。

1) 单人房(Single Room)

单人房是在客房中放置一张单人床的客房,适合从事商务、旅游的单身客人租用,是酒店中最小的客房。单人房中床的尺寸规格常见的有 1.2 m×2 m、1.4 m×2 m 和 1.5 m×2 m 三种。

2) 大床房(Double Room)

大床房是在客房内配置一张双人床(1.8 m×2 m 或 2 m×2 m)的客房,适合商务散客和家庭旅游者租用(见图 1-1)。

3) 双人房(Two-Bed Room)

双人房是房间配有两张单人床的客房,可住两位客人,这种客房通常称为"标准间"(Twin Room)。酒店绝大多数的客房都为"标准间"(见图 1-2)。

图 1-1 大床房①

图 1-2 双人房②

4) 三人间(Triple Room)

三人间是在客房中配备三张单人床的客房。这种房型通常只在经济型酒店中设置。

---

①② 图片来源于携程网。

2. 套间客房

套间客房由两个以上房间、卫生间和其他设施组成，套间客房种类有以下几种。

1) 普通套房（Junior Suite）

普通套房又称为标准套间（Standard Suite），一般是由连通的两个房间构成，一间为卧室（Bed Room），另一间为起居室（Living Room），即会客室。卧室中配有一张双人床或两张单人床，适合散客或家庭旅游者租用（见图1-3）。

2) 多套间

多套间由连通的两个以上的房间组成（通常有3—5个房间），有两个卧室，各带卫生间，还有会客室、客厅、工作室及厨房等，卧室内设有特大号双人床。

3) 组合套间

组合套间是一种根据需要专门设计的房间，每个房间都有卫生间。有些组合套间由两个对门的房间组成，有些由可以上锁的相邻两个房间或三个房间组成。可以根据需要组成三套间、两套间、一个单间或三个单间。相邻的两个或三个房间，中间都有门和锁，需要连通时可以打开门；需要隔开时，可以两边同时关门加锁，这样既安全又隔音。

4) 豪华套房（Deluxe Suite）

豪华套房可以是双套间，也可以是三套间。三套间通常由卧室、起居室、餐厅或会议室等组成，卧室中配备大号双人床或特大号双人床。和普通套房相比，豪华套房室内布置更为豪华（见图1-4、图1-5、图1-6）。

图 1-3　普通套房[①]

图 1-4　豪华套房——餐厅[②]

5) 总统套房（Presidential Suite）

总统套房简称总统房，一般由七、八间客房组成，室内设备和用品华丽、名贵。套房内分总统房、夫人房、随从房、警卫房，另有客厅、办公室、会计室、书房、健身房、餐厅、厨房等。男女卫生间分用，还有桑拿浴室、按摩浴池等高级设施，有的还配有室内花园，整个套房装饰高雅豪华。

[①②]　图片来源于携程网。

图 1-5　豪华套房——卧室①

图 1-6　豪华套房——浴室②

（二）根据客房的位置分类

1. 内景房（Inside Room）

这种客房的窗子朝向酒店的内院，住客可以在房内观赏店内景色。

2. 外景房（Outside Room）

这种客房的窗子朝向店外，住客可以在房内观赏酒店外部景色，如大海、公园、湖泊或街道等（见图 1-7）。

图 1-7　外景房③

---

①②③　图片来源于携程网。

3. 角房(Corner Room)

这种房间位于楼层的边角处,只是在特殊造型的建筑里才有这种客房(见图1-8)。

图1-8 角房

(三)其他客房

为满足不同客人的需求,酒店在房型上不断地创新与完善,如今已涌现出许多新型客房。如特色客房有文化主题客房、绿色客房、智能客房、民族特色房、残障人士客房、无烟客房、单间亲子房、女士客房、儿童客房(见图1-9)、蜜月客房、睡得香客房等新型客房。

客房类型的划分不是独立的,同一间客房会因划分标准不同而称为不同的房型,同时不同划分标准的房型可以一起称呼。如一间客房可以是单人间,可以是外景房,也可以是智能房;很多时候我们看到的是商务单人房、高级大床房、豪华外景房(见图1-10)等。

二、床的种类

酒店服务的根本还是睡眠服务,客房作为酒店的主体,其入住率直接决定酒店的经济效益。床是客房睡眠区域的基本设备,其舒适度直接决定着客人的满意度,因此,酒店如何选择一张令客人满意的床显得至关重要。

酒店客房床的种类可从尺寸、性能、形状、材质几个方面分类。

(一)按尺寸分

(1) 单人床:1.1 m×2 m、1.2 m×2 m、1.35 m×2 m。
(2) 小双人床:1.4 m×2 m 或 1.5 m×2 m。

图 1-9 儿童客房①

图 1-10 豪华外景房②

(3) 大号双人床:1.8 m×2 m。
(4) 特大号双人床:2 m×2 m。

---

①② 图片来源于携程网。

（二）按性能分

1. 沙发床

沙发床白天当沙发，晚上可以当单人床使用。此外还有一种改良过的沙发床，通常不需移动，只要将沙发的一侧紧靠墙壁，晚上将沙发上的扶手或靠垫（活动的）拿走，放上枕头即可当床使用了，这种沙发床通常放在大床间或小单人间。

2. 折叠床

折叠床主要用于加床，通常是铁制的折叠式弹簧床，上面有厚海绵，尺寸大小通常为 1.1 m×2 m。当客人的房间需要加床时，就在房中加一张这样的床。

3. 隐壁床

隐壁床顾名思义，是隐藏在墙壁内的床。晚上拉出使用，白天放回到墙内，可以节省空间。

（三）按形状分

（1）长方形床，这是最常见的床。
（2）方形床，如特大号双人床（2 m×2 m）。
（3）圆形床。
（4）"心"形床。

（四）按材质分

1. 席梦思床

席梦思床是酒店最常见的床。

2. 水床

水床是利用水的浮力原理而设计制造的。医学专家认为，水床完全符合人体生理曲线，无论如何变换睡姿，都真正实现了床垫与人体的紧密贴合，使颈椎、腰椎不再悬空，均匀支撑全身重量，减轻身体自重对脊椎、肌肉、微血管和神经系统的压力，有效构成健康的微循环，并对脊柱起到特别护理作用，近年来，一些酒店在部分客房内配备了水床，以增加客房产品的卖点。

任务实施

✦ 活动项目

利用网络查看房型。

活动目的

利用网络学习并巩固已学知识,同时培养学生分析问题、解决问题的能力。

活动要求

在活动中要求每位同学独立完成,若有疑问请记录并找出原因。

活动步骤

1. 打开酒店网页并找到一家酒店(可以是百度上的,也可以是携程或其他平台上的)。
2. 进入"查看房型"或"订房",你便会看到不同的房型。
3. 记录下你看到的房型,找一间你喜欢的房型并说明理由。
4. 分组讨论记录情况,并解决不能独立完成的问题。
5. 试比较你查看到的房型与老师讲的内容是否有出入,什么原因?

活动评价

活动评价表如表 1-1 所示。

表 1-1 活动评价表

项目	活动效果	存在问题
能在网上查找酒店		
能在网上查看房型		
能说出不同房型的差异		
能根据自己的需求订房		

任务拓展

民宿(Minshuku),源自日本民宿,是指利用当地闲置资源,民宿主人参与接待,为游客提供体验当地自然、文化与生产生活方式的小型住宿设施。民宿有别于旅馆或酒店,民宿也不同于传统的酒店旅馆,也许没有高级奢华的设施,但它能让人体验当地风情,感受民宿主人的热情与服务,并体验有别于以往的生活。

文化和旅游部发布了《旅游民宿基本要求与评价》(LB/T 065—2019),明确规定了民宿行业标准,规定了旅游民宿的定义、评价原则、基本要求、管理规范和等级划分条件。

旅游民宿分为两个等级,金宿级和银宿级。金宿级为高等级,银宿级为普通等级。等级越高表示接待设施与服务品质越高。

任务二 客房的功能区域和客房用品

任务引入

李阿姨是7天酒店新聘的客房部员工,在参加新员工培训中她表现突出并受到主管的表扬,为此李阿姨对自己的工作很有信心。可在进行客房清扫工作时李阿姨却陷入苦恼:每天要补充这么多的客房用品,每种物品都有其固定摆放位置,为什么总是记不住呢?

同学们,请帮李阿姨想想办法:怎样才能简单、方便地记住酒店物品的规范摆放,并不失美观?

任务剖析

酒店服务的根本是睡眠服务,客房作为酒店的主体,其入住率直接决定酒店的经济效益。客房是一个私密的、放松的、舒适的,满足客人休息、私人办公、娱乐等诸多使用要求的功能性空间。因此,客房的功能布局十分重要,是酒店设计的重点部分,在设计上应根据酒店类型、档次确定客房功能的最佳布局;客房用品的摆放既要方便客人的使用又不失美观。

一、客房的功能区域

客房主要分如下几个功能区域。

(一) 睡眠空间

睡眠空间(见图1-11)是客房最基本的空间,也是整个客房中面积最大的功能区域,主要设备是床和床头柜。

床由床垫、床架和床头软板三个部分组成。软板一般可与床架分离,床架下安有定向轮,方便服务员做床(但也有例外,即床架与床头软板相连,做床时站在床侧进行)。

床头柜放置在两张床中间,其长度一般为60厘米,高50至70厘米。床头柜又称"集控箱",配有音响设备,并带有各种开关。床头柜柜面上摆放电话机、"祝君晚安"("请勿在床上吸烟")牌、便笺及铅笔等物品。柜内摆放两双一次性拖鞋及两个擦鞋器(或擦鞋套)。

图 1-11　睡眠空间

（二）工作空间

工作空间又称书写和梳妆空间，标准间的工作空间在床的对面，沿墙设计一长条形的多功能柜桌。一般包括行李架、写字台（墙上安装一面镜子）和电视柜。随着酒店商务客人的日益增多，书写空间的功能设计也越来越受到酒店的重视，从采光与视线方面考虑，许多酒店的客房书桌已不再面壁而设了（见图 1-12）。

图 1-12　工作空间

(三)起居空间

起居空间通常设置于靠近房间窗户处,放置沙发椅、茶几,供客人休息、会客、看电视等用。主要设备有软座椅(沙发)和茶几。

起居空间在以往标准客房设计中的会客功能正在逐渐被弱化(见图1-13、图1-14)。因为,住店客人希望客房是私人的、完全随意的空间,将来访客人带进房间会有诸多不便,酒店经营者也希望住客使用酒店的经营场所会客,以获取经济效益。这一转变为客房朝向更舒适、更愉快的功能完善和前进创造了空间条件。在起居区域设计中,可将诸如阅读、欣赏音乐等功能增加进去,改变客人在房间内只能躺在床上看电视的单一局面。

图1-13 起居空间

图1-14 起居空间

(四)贮存空间

贮存空间主要是指设在房门进出过道侧面的壁橱和紧靠壁橱的小酒柜。

壁橱设在客房入口的小过道内,便于客人在离开酒店时检查橱内东西是否取完。壁橱的宽度应不小于100厘米,橱门至墙壁的距离不小于50厘米。橱门可以用推拉门,也可用折叠门。壁橱内应有照明灯,采用随门开启而亮的照明灯,既节约用电,又方便客人。有的橱内还设有鞋箱及私人保险箱等物品(见图1-15)。

小酒柜的上方摆放烈性酒、酒具、茶水具以及小食品,下层也可以放置储存饮料的小冰箱,既可以满足客人的饮用需求,同时还能让茶几留出更多的面积,供客人摆放自己的物品(见图1-16)。

(五)盥洗空间

盥洗空间即卫生间,主要设备有洗脸盆、便器、浴缸三大件。

1. 洗脸盆与云台

台面与梳妆镜是卫生间造型设计的重点,要注意脸盆上方应配备荧光灯,镜面两侧或单侧配备壁灯,两者最好都配备。洗脸盆上装冷热水龙头一个(有的酒店还装有可供客人直接饮用的凉水水龙头一个)。在墙面配一面大玻璃镜,为解决因沐浴而使镜面沾上水蒸气看不清的问题,有的酒店还在镜子的背面装有除水雾装置。大镜面里或大镜面侧装有放大镜,以

图 1-15 壁橱

图 1-16 小酒柜上方摆设

供客人剃须或化妆使用。

云台上可放置各种梳洗、化妆及卫生用品(见图 1-17)。

在洗脸台侧面墙上,设有电流插座(供客人使用电动剃须刀),有的酒店还装有吹风机和电话副机。洗脸台的大小一般无统一的规格,但其高度一般为 80 厘米,这对于标准身高的人来说为最佳高度。

图 1-17 云台与浴缸[①]

2. 洗浴区

洗浴区域配有浴缸或淋浴房,许多酒店二者都有。

浴缸包括冷热水龙头,并装有淋浴喷头,能固定也可手拿。浴缸底部采用防滑结构。外部一般安装浴帘,既防止沐浴时水外溅,也可进一步起到保护客人私密的作用。浴巾架固定

① 图片来源于携程网。

在浴缸水龙头对面的墙上,架上安放浴巾及披巾。当然,为了体现特色及人性化的设计,可在许可范围内充分布置卫生间,以营造舒适宜人的家的感觉。

豪华客房的浴缸内还可装上能产生漩涡的水疗装置,也可在卫生间装上带有小型电动蒸汽发生器的桑拿浴的蒸汽浴装置。这些装置通过水流、水蒸气对皮肤的作用,增加人体的血液循环,具有较好的解乏、保健的作用。

为了适应大多数客人喜欢沐浴的习惯,现在许多酒店在客房卫生间内安装沐浴房。

3. 便器

便器分坐式和蹲式两种。一般客房内多以坐式便器(见图1-18)为主,而高级套房两种都装,并在坐便器旁设有下身冲洗器。

图 1-18　云台与便器①

（六）安全功能空间

客房安全是客房设计的必要条件,其主要设备有房门及其安全装置、消防安全装置和报警设备。

客房门上装窥视镜(警眼)和安全链(安全环)以及双锁。门后张贴安全指示图,标明客人现在所在的位置及安全通道的方向。

房内天花板设有烟感报警器(烟感)(见图1-19)和温感喷淋头(花洒),供报警和自动灭火之用。

另外,房内设有中央空调系统或客房空调器,可调节房内的温度和湿度,并有提供新鲜空气的出风口。

---

① 图片来源于携程网。

图 1-19 烟感报警器①

二、客房用品

客房用品即客房客用物品,一般分为两大类:客用固定物品和客用消耗物品。客用固定物品是指客房内配置的可连续多次供客人使用、正常情况下短期不易损坏或消耗的物品。这类物品仅供客人在酒店内使用,不能在离店时带走,如布草、衣架、杯具等。客用消耗物品是指供客人在住店期间使用消耗,也可在离店时带走的物品。此类物品价格相对较低、容易消耗,因此,也有人称之为一次性消耗品或易耗品,如火柴、茶叶、信封、信笺、肥皂、牙膏、牙刷等。

客房用品的摆放既能展示酒店的档次又能体现客房服务员的服务水平。因此,客房用品的摆放也是客房服务的重要内容之一。下面介绍酒店常见的客房用品摆放方法。

(一)房间用品及其摆放

1. 壁橱

(1)挂衣横杆上备有带店徽的衣架,分别有两个西服衣架、两个裙架、两个裤架、两个普通衣架。

(2)衣服刷、鞋篮、睡衣(见图 1-20)等物品,根据客房档次及客人数量按需配置。有的酒店还将保险箱存放于壁内(见图 1-21)。

2. 小酒柜

(1)配备水杯、冰桶、开瓶器等物品。

(2)配备杯垫、纸巾、调酒棒、饮料单。

---

① 图片来源于携程网。

图 1-20　壁橱——睡衣

图 1-21　壁橱——保险箱

3．行李架(柜)

若为行李柜则柜内空间可供摆放暂时不用的棉被。

4．写字台(梳妆台)

(1) 桌面放置物品。

①服务指南夹(指南夹内一般放有信纸、信封、圆珠笔)、酒店介绍手册、宾客意见征求表、房内用餐菜单、市区游览图、客房价目表、电视使用说明、针线包等物品(也有的酒店将指南夹放于写字台抽屉内)。

②标有店名、店微的烟灰缸及火柴,要求字样朝上,正对客人。

③在台面靠墙的角落摆放台灯一只。有的酒店在一些较为豪华的房间的写字台上还放有电脑。

(2) 写字台抽屉内可放置叠好的洗衣袋2只,每个洗衣袋放上干、湿洗衣单各一份。

(3) 写字台下一般放置配套的凳子一张,有些称之为"琴凳"。

5．电视柜

(1) 电视柜柜面上摆放电视机一台,电视遥控可放于电视机顶(有的酒店也可统一要求放于写字台或床头柜上)。

(2) 电视柜下柜内放置小冰箱,冰箱内一般放有啤酒、饮料、矿泉水、方便面以及一些较受大众欢迎的坚果、蜜饯等食品。

6．茶几

(1) 茶几上有烟灰缸及火柴,一般物品上均标有店名、店徽,字样一律朝上且正对客人。

（2）茶几上还放有茶水具，包括内装红茶、绿茶各两包的茶叶缸，电热水壶（也有酒店用传统的热水瓶），设酒柜的客房茶几桌面上可以仅摆放烟灰缸。

7．床头柜

（1）床头柜的柜面上摆放电话机、酒店常用电话本、便笺、笔、"祝君晚安"牌（背面书"请勿在床上吸烟"）。

（2）床头柜面板上有床头灯、夜灯、廊灯、电视等各种电器的开关（又称"集控系统"，有的酒店将之安装在面板上，有的酒店将之放在床头柜柜面上）。

（3）床头柜内左右各摆放一次性拖鞋一双、擦鞋纸两张（或一次性擦鞋器两个）。

8．床（单张床）

（1）被子一条。

（2）被套一条。

（3）枕芯、枕套各两个。

（4）床单一条。

（5）保护垫（床褥）一条。

（6）床旗一条。

（二）卫生间用品及其摆放

1．云台

（1）云台（见图1-22）上有花瓶、消耗托盘，盘内整齐地放置香皂、牙具、面巾纸、浴帽、梳子、沐浴液、洗发液等一次性消耗品，小方巾两块，漱口杯两只（有些酒店考虑到一些物品配

图1-22　云台

备浪费较大,故用安装在墙壁上的装置替代沐浴液等一次性消耗品,既节约了成本,又为客人提供了便利)。

(2) 云台下放垃圾桶、体重秤。

(3) 在墙面上,靠墙一侧挂有面巾两条,靠门一侧一般安装吹风机一只、小化妆镜一面(见图 1-23)。

2. 坐便器

(1) 卫生卷纸,固定于坐便器旁的墙上。

(2) 女宾卫生袋,一般置于水箱上。

(3) 清洗消毒过的抽水马桶的盖板上一般放置"已消毒"封条一张。

3. 浴缸

(1) 浴缸近门边墙上的毛巾架上放置大浴巾、小浴巾各两条(见图 1-24)。

图 1-23 云台(小化妆镜)

图 1-24 浴巾

(2) 毛巾架对面安装淋浴器装置及洗浴用品。

(3) 浴缸底部放置防滑橡胶垫(见图 1-25)一块,浴缸靠墙处的皂缸内放香皂一块,浴缸外侧边缘搭放地巾一条(见图 1-26)。

图 1-25 淋浴室(防滑垫、地巾)

图 1-26 浴缸(地巾)

酒店因其类型、档次的不同而设计出不同的客房,因此不同客房在客房用品的摆放上也会有一定的差异。但无论如何,客房用品摆放都要遵循方便客人使用、美观大方、安全、舒适的原则。

任务实施

活动目的

通过酒店参观,让学生了解酒店环境,巩固并熟悉客房类型和客房功能布局。

活动要求

1. 参观过程中要展现一名中职学生的素养,不在酒店内喧闹、跑动。
2. 参观时重点观察客房内部的结构、布置、设计。

活动步骤

1. 参观前对学校附近的酒店进行考察,选择一家有代表性的酒店。
2. 参观过程中说出该房间的功能区域,并仔细观察各区域配置的客房用品。
3. 记录酒店房型和床的配置。
4. 分组讨论参观情况。
5. 小结:对酒店客房类型和功能区域知识进行梳理,并谈谈客房功能布局的重要性。

活动评价

活动评价表如表1-2所示。

表1-2 活动评价表

项目	活动效果	存在问题
能选择具有代表性的酒店		
能熟知客房的功能区域		
能说出各区域配置的客房用品		
能判断酒店不同房型及其床的配置		

任务拓展

在"互联网+"时代和文旅融合的大环境中,传统型酒店已经不能满足游客的需求,因此,在星级酒店不断创新发展的过程中涌现出了一大批新型酒店。如今,主题酒店、奢华型酒店、精品型酒店、民宿型酒店、智能型酒店已成为酒店人所关注的对象,同时也深受游客的青睐。

加拿大让人眼前一亮的新型酒店

最近多伦多一家本土公司发明的新创意就可以帮你省事儿啦,他们准备把"住宿"和"出行"合二为一,创造新型"移动酒店客房"。你可以说它是一间酒店套房,因为该有的也都有了。有一张舒适的床、单独的工作区域、洗浴设备也备齐了,但又不仅仅是一间房间,因为它可以被"开走"。其实你可以这么理解,你开的是一间房,实际是租下了一辆电动房车,但是比房车更舒服,还附赠酒店级的服务。在酒店的"本部",你也可以享受正常酒店的公共设施,如餐厅、spa服务、游泳池、健身馆等等。你可以通过一个App来操作你开的这间房。输入想要去的目的地,为你导航。还能实时观察房内情况和车内状态,十分便捷,基本都可以自助完成。酒店有专门的服务车厢。只要你有需要,酒店就会派出服务车厢,会有工作人员前来替你更换电池和打扫房间。你不必再为打车或者租车而支付额外的费用。住宿+交通费,只要交一份,多划算!

(资料来源:https://www.sohu.com/a/278575075_174333,有改动.)

本项目重点介绍了酒店常见的房型和床的类型,以及客房功能区域和客房用品的配置。

一、知识训练

1. 区别客房的种类。
2. 区别客房功能区域,并说出各区域主要配置的设备。
3. 上网收集特色客房的相关资料。

二、能力训练

1. 分组练习

在模拟客房内按规定摆放相应的设备用品。

2. 案例分析

于先生因工作的需要长年出差在外,有一次,他入住某星级酒店。进房后,他往床上一躺,便习惯性地把手伸向床头柜,想拿电视机的遥控器。他摸了半天也没有找到,偶一抬头,发现遥控器放在电视机上,于是,他就起身去拿,并躺回床上。当他拿起遥控器一按,发现电视机没有图像,于先生想当然地认为电视机的电源开关没开,便又起身去开,当他再按遥控器时,电视机还是没有图像。于先生记起床头控制板上还有一个电视机的电源开关,便弯腰打开电源。当又一次按下遥控器时,忽然记起刚才自己动过电视机的电源开关,便再次起身去打开电视机的电源。等他回到床上再按遥控器时,久等的图像终于显现,但他已经没有了看电视的兴致。于先生索性下床,在整个客房转了一圈后,打电话找来客房部经理,开始诉说客房的种种不是。

遥控器可以减肥:来回三趟才能看上电视——放在电视机上。

电话分机:光着身子出来才能接听(洗澡时)——安装在马桶与云台之间。

卷纸架:扭曲身子才能找到(或盲人摸大象般乱抓)——安装在马桶后面的墙上……

面对于先生的数落,客房部经理的脸涨得通红,并由衷地说:"于先生,您给我上了生动的一课,您是我遇见的最好的一位老师!"

(1) 本案例中客人投诉了哪些问题?

(2) 案例中体现了客房设施用品的摆放在哪些方面出了问题?

(3) 由此你得到了怎样的启示?

(4) 客房部经理为什么称于先生是"最好的一位老师"?经理的说法正确吗?为什么?

项目二
客房部服务

🐼 项目目标

明白如何做一名优秀的客房服务员;掌握客房优质服务的方法。

职业知识目标:
1. 明确客房服务员的职业道德规范。
2. 明确客房服务员的基本素质要求。
3. 熟悉客房服务员的礼貌礼节。
4. 掌握客房优质服务的方法。

职业能力目标:
1. 自觉履行职业道德规范。
2. 养成自觉规范自己行为的习惯。

职业素养目标:
1. 培养学生的职业道德认同感和归属感。
2. 培养学生的积极心态和责任心。
3. 培养学生具有实现自我价值的目标。

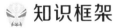知识框架

```
                    ┌─── 任务一  客房服务员
项目二  客房部服务 ──┤
                    └─── 任务二  客房优质服务
```

教学重点

1. 客房员工的礼貌礼节。
2. 客房优质服务的方法。

教学难点

礼貌礼节　优质服务

项目导入

老同学的感动

去某酒店看望一位来此开会的老同学,寒暄一阵之后,话题转到了老同学所住的这家酒店。他说,这家酒店很不错,有几件事情令他十分感动。

例如,房间迷你吧台的电源插座不通电,这位老同学便将原先放在迷你吧台的电热水壶移到卫生间去烧水。外出回到房间后,发现电热水壶已归位吧台,水壶旁边还有一张小便笺,写着:吧台的电源插座已修复,并对由此造成的不便深表歉意。老同学对服务员的细心,深表赞赏。

又如,由于开会文件材料较多,老同学便将其散在写字台上。会后回到房间,发现文件整整齐齐地码在一起,旁边还多出两样东西:一叠信纸和一个文具盒(该房间不是商务房,原来没配置文具盒)。老同学很感动。

还有,几件搭在座椅、床上的衣服不见了,床头柜旁多了一张纸条,告知衣服收进衣橱了;并体贴地表示:"您的会期还有好几天,预计您需要换洗内衣。为了消除客人对洗衣房洗涤内衣是否卫生的顾虑,本酒店房务中心备有连洗涤带烘干的家用洗衣机,可以为您单独洗涤内衣。如有需要可与房务中心联系。"落款是某服务员。老同学说,不管他是否需要,对于服务员的周到,心中充满感激。

(资料来源:https://www.sohu.com/a/109979316_395895,有改动.)

上述案例描述了客房服务员细心、周到的服务,这让"老同学"深感贴心、暖心,因此而满意。

随着竞争的日趋激烈和消费者自我保护意识的增强,客人对酒店的服务质量的要求越来越高。酒店服务质量的提高有赖于高素质的服务员。因此,酒店服务员应树立正确的观念与意识,改善服务态度,更新本职工作所需的知识,提高管理与服务能力,从而提高酒店服务质量,增强酒店的竞争能力。

任务一　客房服务员

任务引入

有两个刚毕业的大学生甲和乙，同时到一家酒店做客房服务员。甲认真学习酒店的相关知识，还主动向老员工请教，没过多久就能熟练地接待客人了。领导认为这个小伙子很踏实，就不断地栽培他，让他去参加各种培训。

乙天天抱怨工作太累，做什么事情都不尽力，还总是推卸责任。干了一段时间后，认为工作没意思，就跳槽到另一家单位。但不久之后又认为在新单位工作也没有意思，于是又换了一个工作。就这样，他不停地换工作，不停地折腾，像一个挖井的人，不停地换地方，可是始终挖不到水。而甲在原先的酒店越干越好，很快就当上了客房部的领班。

案例中的甲是一个坚持不懈的人，踏踏实实地干好本职工作，最终取得了成功；乙则是一个只有三分钟热度的人，哪份工作都做不好，最后一无所获。要想做一流的服务员，必须像甲那样一步一个脚印，一天一点进步。

请根据案例中甲、乙两位学生对待工作的不同态度、方式的两种结果，谈一谈：

1. 你认为客房服务员应以什么样的心态对待工作？
2. 上述案例是否体现了客房员工的职业素质？

任务剖析

随着社会的进步和人们生活水平的提高，传统酒店已不能满足客人的需求，因此许多新型酒店如雨后春笋般涌出。目前，酒店的竞争将主要在智能化、个性化、信息化方面展开，这就更需要一大批高素质的酒店员工。

一、客房员工的职业道德

客房员工职业道德是社会主义道德的基本要求在酒店服务中的具体体现，是酒店从业人员，特别是客房服务员在职业活动中必须遵守的行为规范和准则。客房员工的职业道德规范主要包括以下内容。

（一）爱国守法，爱岗敬业

爱国守法是社会主义公民应遵守的基本道德规范，作为客房服务员也不例外。爱岗敬业体现出一名优秀服务员的基本素养，也包含着员工对本职工作的热爱，是服务员积极进取的一种表现。

客房部员工应正确认识旅游业和酒店业，明确自己工作的目的和意义，明确客房部工作的重要性，热爱本职工作，乐于为客人服务，忠实地履行自己的职责，并以满足客人的需求为自己最大的快乐。

（二）热情友好，宾客至上

热情友好，宾客至上，是酒店接待工作的精髓。

热情友好，是一种道德情感。它要求我们的酒店员工在对客服务工作中应当投入积极的个人情感，对每一位客人内心怀有一种感激之情，并由衷地欢迎客人的到来。这种情感会转化为我们的具体行动，例如，主动热情，面带微笑，耐心、周到地为客人提供优质服务，宾客就能从服务人员的一言一行、一举一动中深切感受到自己受到欢迎、得到尊重，从内心享受酒店给自己带来的轻松与快乐。

一切为宾客着想，一切服务均为使宾客满意，是每一个酒店员工应尽的职业责任和道德义务。

（三）真诚公道，信誉第一

"真诚公道，信誉第一"是酒店职业道德的重要规范。俗话说，"人无信不立，店无信难开"，"诚招天下客，誉从信中来"。注重信誉，讲究信用，既是优良的商务传统，也是酒店行业起码的职业道德要求。酒店工作者只有诚实守信，维护行业声誉，才能吸引广大宾客，保持生意兴隆，从而提高酒店的社会效益和经济效益。

（四）文明礼貌，优质服务

文明礼貌是指客房员工对前来入住的每一位客人热情友好、以礼相待，讲究文明礼貌、尊重他人；优质服务是指酒店的设施设备、服务态度、服务方式、服务知识、服务技能等能满足客人生理、心理上的需求。

（五）不卑不亢，一视同仁

不卑不亢是指客房服务员在服务工作中尊重客人、谦虚谨慎、自尊自爱，既不自卑，又不高傲；一视同仁是指客房服务员对所有客人应一样看待，同样仁爱，尊重客人的人格，维护其合法权益。

（六）团结协作，顾全大局

团结协作是指客房服务员在服务工作中应具有良好的团队精神，与同事通力合作，共同努力,全心全意为客人服务;顾全大局是指客房服务员应具有集体主义精神,正确对待个人利益与国家、集体利益之间的关系,在处理各种利益关系时,应将国家利益、集体利益和个人利益结合起来,并将国家、集体利益放在首位。

(七) 钻研业务,提高技能

钻研业务是指客房服务员应刻苦学习,以丰富的酒店业务知识为客人提供优质服务;提高技能是指客房服务员应苦练基本功,以娴熟的服务技能为客人提供优质、高效的服务。

二、客房员工的基本素质要求

(一) 身体健康,没有腰部疾病

客房员工须具有健康的体魄。无论是站立值台服务还是弯腰搞卫生,都要求服务员不能有腰部疾病。

(二) 不怕脏,不怕累,吃苦耐劳

客房部的工作主要是清洁卫生工作,包括客房服务、公共卫生,以及洗衣房客衣、布件的洗涤等,因此,要求在客房部工作的员工必须具有不怕脏、不怕累、吃苦耐劳的精神。

(三) 有较强的卫生意识和服务意识

客房部的工作主要是清洁卫生。要做好这项工作,服务员必须具有强烈的卫生意识和服务意识;否则,就不可能做好客房部的工作。

(四) 有良好的职业道德和思想品质

因工作需要,客房员工特别是楼层服务员每天都要进出客房,因而,客房部员工有机会接触客人的行李物品,特别是现金和贵重物品等。因此,客房部员工必须具有良好的职业道德和思想品质,杜绝利用工作之便偷盗客人钱物等事件的发生。

(五) 掌握基本的设施设备维修保养知识

酒店客房内有很多设施设备,如各种灯具、空调、电视、音响、窗帘、地毯、家具等,这些设施设备的维修通常由酒店的工程人员负责,但保养工作则由客房部负责。楼层服务员要利用每天进房做卫生的机会,做好对这些设施设备的保养工作。因此,客房部服务员必须有基本的设施设备的维修常识。

(六) 具有相当的外语对话能力

星级酒店的客房服务员须具备一定的外语(如英语)对话能力,能够用外语"面对面"为客人提供服务,否则,不仅会影响服务质量,还可能闹出很多笑话。

（七）有较强的应变能力

应变能力是指应付突发事件和特殊事情的能力。应变能力是服务人员应具备的特殊技能和素质。不同类型的客人有着不同的需求，只要客人提出的要求是合理合法的，不管是否有相应的规范，都要尽最大可能去满足他们。在当今酒店散客增加、客人结构多元化的情况下这种应变能力尤其重要。

三、客房服务的礼节礼貌

客房是住店客人的主要休息场所，客房服务员要承担住客大部分的日常服务工作，客房服务的水平和质量往往代表酒店服务的整体水准，客房服务员在服务中要做到以下几点。

（1）按规定穿制服，服装整洁，讲究个人卫生，不佩戴贵重珠宝首饰，不浓妆艳抹，工作前不吃有异味的食物。

（2）举止要庄重、文明，无论站、坐，姿势要端正。站时不要东倚西靠，坐时不要跷二郎腿、晃腿，交谈时不要用手中物品指着对方，也不要抓头、瘙痒、剔牙。

（3）工作时间保持精神饱满，思想集中，随时准备好为客人提供必要的服务，听候客人的召唤。

（4）服务礼貌、热情、周到、主动。见到客人要热情相迎，并致欢迎词："您好！欢迎光临！"根据客人的性别和身份礼貌称呼，如"先生""女士""小姐"等。与客人交谈时要"请"字当先，"谢谢"收尾。

（5）节假日迎宾时，应对客人特别问候。如"新年好！""圣诞快乐！""感恩节愉快！""祝您度过一个愉快的假期！"等。客人生日时应主动表示祝贺。

（6）根据需要，主动帮助客人拿行李物品，对老幼病残的客人要给予特殊的关照。

（7）引领客人进房时，开门后请客人先进。对不太熟悉房间设备的客人要礼貌地详细介绍，如客人没有其他需求，应立刻退出客房，以免影响客人休息。

（8）与客人相遇，应主动问好和让路。同一方向行走时，如无急事不要超越客人，因有急事超越时，要先致歉，然后加快步伐超越。

（9）打扫客房前，要先轻轻敲门，征得客人同意后方可进入。打扫客房时，不能随意翻动客人的物品，如打扫时需要移动，清扫完后应把物品放回原位。如客人在房内工作、读书、会客，不能在旁窥视、插话。

（10）有事需进入客房与客人沟通时，应简明扼要，不能拖延。房门上挂有"请勿打扰"的牌子时，不能随意进入客房。

（11）工作时应保持安静，不能大声喧哗或与他人嬉笑，不能在走廊内奔跑，以免造成紧张气氛。

（12）客人交谈时，不要插话，或以其他形式干扰。工作中，如客人挡道，应礼貌招呼，请求协助。

（13）工作中如发生差错，要主动、诚恳地向客人道歉，不能推卸责任。

(14) 对待客人的投诉,不得辩解。应先认真耐心听取,然后表示理解。即使责任在客人一方,也要以谦和的态度进行说服,尽量消除误会。对投诉过的客人,不要敬而远之,仍应热情地为其真诚服务。

(15) 客人离店时,要送客告别:"多谢光临,欢迎再来。"并祝客人旅途愉快。客人离店后,若发现客人遗忘物品,要尽快设法送还。

任务实施

✪ 活动项目

酒店客房部跟岗学习。

◎ 活动目的

通过对酒店的认识与了解,提高职业认知,加深职业情感,磨炼职业意志,进而坚定信念,养成良好的职业行为和习惯,最终达到具有高尚职业道德的行业要求。

✈ 活动要求

1. 观察酒店客房员工是否履行自己的岗位职责,学习优秀员工的良好职业规范和行为习惯。

2. 试着把自己当作一名正式员工,自觉约束自己的行为,采用自省的方法进行自我检验。

活动步骤

1. 学习酒店服务员的岗位职责。
2. 观察服务员在工作中体现的职业素养和礼貌礼节。
3. 组织同学讨论:从客房服务员的职业道德、基本素质要求和礼貌礼节方面谈谈自己的收获。

活动评价

活动评价表如表 2-1 所示。

表 2-1 活动评价表

项目	活动效果	存在问题
了解酒店服务员的岗位职责		
理解酒店服务员的职业素养		
能礼貌接待不同客人		

任务拓展

酒店服务中的三轻、四勤、五声、六笑、十服务

三轻：说话轻、走路轻、操作轻。

四勤：手勤、脚勤、眼勤、嘴勤。

五声：宾客来店有欢迎声、体贴客人有问候声、宾客表扬有感谢声、宾客批评有道歉声、宾客离店有送别声。

六微笑：见到客人点头微笑、服务客人保持微笑、称呼客人面带微笑、询问客人礼貌微笑、送取物品点头微笑、联系业务和蔼微笑。

十服务：听到客人声音有服务、见到客人有服务、见到客人来信有服务、礼貌服务（如站立服务、微笑服务、敬语服务）、快速服务、主动服务、特色服务、特殊服务、投诉后的服务、后台为前台的服务。

任务二　客房优质服务

任务引入

金先生带着手提电脑入住某酒店的805房间，他每天都有大量的文件需要处理。一天晚餐前，金先生整理好一个文件后，没有关闭电脑便去餐厅用餐。

当他用餐完毕返回房间后发现夜床已经做好，他在插牌取电处插入的梳子仍在原处。在他的床头柜上有一张留言单，上面写着："尊敬的先生，请您将电脑上的文件及时存盘，以免我们做夜床时切断电源给您带来不便。"下面的落款是客房服务员小韩。金先生看完后心里很感动，认为酒店的服务能全面考虑客人的需要，处处从客人的角度考虑问题。

客人的手提电脑中的文件如果没有及时存盘，这是客人自己的事。本例中的小韩却能够从客人的角度出发，在发现客人的手提电脑没有关闭的情况下，能及时给客人留言，提醒客人及时存盘，说明小韩服务意识较强，对酒店服务的内涵有深刻的理解。

> 本例说明酒店应鼓励员工提供超标准的服务,将简单的工作尽量做得出色,使客人获得意外的惊喜,体验到酒店的优质服务。
>
> 根据上述案例的讲述与分析,请你与同学一起分享酒店中令你或客人感动的一件事,并说一说其体现了酒店服务员的哪一方面的服务品质。

任务剖析

所谓优质服务,通俗地讲,即指能最大限度地满足客人的需求。站在客人的角度,为客人提供方便、创造欢乐,能够打动客人的心的服务。

一、衡量对客服务质量的标准

酒店的服务质量是指酒店满足客人需求的能力和程度。因此,酒店服务质量的优劣,最终取决于客人的感受和客人的评定。客人对服务的要求可以概括为以下四个方面。

(一)宾至如归

让客人感觉像到了自己家一样。客人对酒店的期望,不仅仅是使用酒店里的设施设备,更重要的是亲切感和酒店特有的氛围。

(二)舒适

客人下榻酒店前,往往经过了长时间的车船、飞机旅行,到达酒店时一般都比较疲倦。他们迫切需要立即解决他们的吃住问题。舒适已成为客人此时生理和心理上的主导需要。酒店向客人提供快而准的入住服务,同时又能提供适合口味的美味食品。客人酒足饭饱后,躺在松软整洁的床上,自然就会产生一种舒适的感觉。

(三)吸引力

酒店要以交通便利、设计新颖、外观独特、环境优美、视野开阔、采光良好、色调和谐等来吸引客人。酒店工作人员的着装要美观大方,对客人要彬彬有礼。酒店的经营和服务项目要独具特色,让客人不仅乐于选择这样的酒店投宿和进行各种社交活动,而且离店时还会自然产生一种被酒店吸引的依依惜别之情,成为忠实的回头客。

(四)安全

客人入住酒店,希望能保障他的财产和人身安全,保障其在酒店的隐私权利。因此,酒店应具备防火、防盗、防止自然事故的安全设施设备和保安措施。客人入住酒店时,服务人员应适时地介绍安全通道以及电器、门锁的正确使用方法。同时酒店还应有严格的卫生检查制度和措施,减少任何可能导致不安全的因素。

综上所述,服务上乘的酒店,绝不仅仅靠它的楼体设计、造型和室内陈设,也不仅仅靠它的客房用品和餐饮,而主要是靠那些为客人提供舒适、安全和宾至如归服务的服务人员。

二、客人来店前的准备工作

准备工作是客房优质服务的序幕。准备工作做好了,才能有针对性地提供优质服务,满足客人休息、住宿的需要。准备工作的内容主要包括以下几点。

(一)掌握客情

要熟知客人的姓名、房号、生活习惯、禁忌、爱好、宗教信仰、外貌特点等情况,以便在接待服务中有针对性地提供优质服务。

(二)整理房间

客人预订的房间,要在客人到达前一小时整理好,保持清洁、整齐、卫生、安全。设施要齐全完好,符合客房等级规格和定额标准,以保证客人需要。

(三)检查房间设备、用品

房间整理完成后,领班要全面、逐步、逐项地检查房间的设备和用品,包括门窗是否安全,电器开关有无损坏,卫生间设备是否灵便,物品是否放在规定的位置,是否拉上窗帘、掀开被角、打开床头灯等。

(四)调节好客房的空气和温度

客人到达前要根据气候和不同地区的实际需要,调节好房间的空气和温度。

(五)自我整理

楼层服务员要整理仪容、仪表、服装、发式,等候客人的到来。

三、客房优质服务的"五化"要求

(一)服务设施规格化

服务设施是客房提供优质服务的物质基础。俗话说"巧妇难为无米之炊",没有规格化的服务设施,提供优质服务就是一句空话。

1. 设施配备必须齐全

客房设施配备必须齐全。从服务设施规格化的要求来看，主要设施设备包括床铺、床头柜、办公桌、沙发椅、小圆桌、沙发、地毯、空调、壁灯、台灯、落地灯、音响、壁柜、电视机等。

2. 设施质量必须优良

客房的上述设施和设备，就其数量而言，各客房基本相同；但就质量而言，会因客房等级规格不同而区别较大。设备质量优良的具体要求是：造型美观，质地优良，风格、样式、色彩统一配套，注意相同等级、房间的同一种服务设施保持一致，不能给客人东拼西凑的感觉，以此反映客房的等级规格。

（二）服务用品规范化

客房服务用品是直接供客人消耗的，同样是提供优质服务的物质基础。如果服务用品配备不全，质量低劣，就不能提供规范化的优质服务。客房服务用品规范化的具体要求如下。

1. 客用一次性消耗物品必须按规格配备，保证需要

客房客用一次性消耗物品是每天需要补充的。这些物品配备要根据每间客房每天的消耗来定额，保证质量优良。

2. 客用多次性消耗物品必须符合配备标准，及时更新

床单、枕套、毛巾、浴巾等纺织品和烟灰缸、茶杯、玻璃杯等要根据客房的等级规格配备。

（三）服务态度优良化

服务态度是服务人员思想觉悟、服务意识和业务素质高低的集中表现，是规范化服务的基本要求。客房服务态度优良化的重点是要做到主动、热情、周到、耐心。具体来说有如下几点。

1. 主动

主动就是服务于客人开口之前，是客房服务员服务意识强烈的集中表现。其具体要求：主动迎送，帮提行李；主动与客人打招呼，语言亲切；主动介绍服务项目；主动为重要客人引路开门；主动叫电梯，迎送客人；主动为新到的客人带路到别的娱乐区域；主动照顾老弱病残客人；主动征求客人和陪同人员的意见。

2. 热情

在客房服务过程中要态度诚恳、热情大方、面带微笑，在仪容仪表上要着装整洁、精神饱满、仪表端庄，在语言上要清楚、准确，语调亲切、柔和；在行为举止上要有乐于助人、帮助客人排忧解难的精神，恰当运用形体语言。

3. 礼貌

要有礼节、有修养，尊重客人心理。既不妄自菲薄，见利忘义，在客人面前低三下四，丧失人格和国格；又不夜郎自大，盛气凌人，反对店大欺客，以貌取人的思想和行为。要继承和

发扬中华民族热情好客的美德。

4. 耐心

耐心就是不烦不厌,根据各种不同类型的客人的具体要求提供优质服务。工作繁忙时不急躁,对爱挑剔的客人不厌烦,对老、弱、病、残客人的照顾细致周到,客人有意见时耐心听取,客人表扬时不骄傲自满。

5. 周到

周到就是要把客房服务做得细致入微,周详具体。要了解不同客人的生活喜好,掌握客人生活起居规律,了解客人的特殊要求,有的放矢地采用各种不同的服务方法,提高服务质量。并且要求做到有始有终,表里如一。

（四）服务操作系列化

客房优质服务以客人来、住、走活动规律为主线。从服务操作系列化的要求来看,主要是贯彻执行"迎、问、勤、洁、静、灵、听、送"的八字工作法。

1. 迎——礼貌大方,热烈迎客

客人来到客房,主动迎接,既是对客人礼貌和敬意的表示,又是给客人留下良好第一印象的重要条件。热情迎客,一要举止大方,衣着整洁,精神饱满;二是态度和蔼,语言亲切,动作准确适当;三要区别不同对象。

2. 问——热情好客,主动问好

客人住店过程中服务员要像对待自己的亲人一样关心爱护客人,体现主人翁责任感。要主动向客人问好,关心他们的生活起居、身体状况、生活感受,主动询问他们的要求并尽量满足。

3. 勤——工作勤快,敏捷稳妥

勤是服务员事业心和责任感的重要体现。勤快稳妥,要做到手勤、眼勤、嘴勤、腿勤。手勤就是要及时准确地完成工作任务;眼勤就是要注意观察客人的需求反应,有针对性地为宾客提供随机性服务;嘴勤就是要见了客人主动打招呼,主动询问需求,切不可遇到客人不言不语,低头而过;腿勤就是要行动敏捷,不怕麻烦,提高服务效率。

4. 洁——保持清洁,严格卫生

客房服务过程中,清洁卫生是客人的基本要求之一。每次整理客房、卫生间、会客室、书房后,都要做到严格消毒,消除被消费的痕迹,保证各种设备、用具和生活用品清洁、美观、舒适。

5. 静——动作轻稳,保持肃静

客房是客人休息或办公的场所,保持安静也是优质服务的基本要求,服务人员在准备用品、打扫卫生时要做到敲门轻、说话轻、走路轻。服务过程中,不得大声喧哗、吵闹、唱歌。随时保持客房、楼道的安静气氛,以体现客房服务员的文明程度。

6. 灵——灵活机动,应变力强

服务过程中必须具有较强的应变能力。必须根据客人的心理特点、特殊爱好采用灵活多样的方法。如对动作迟缓、有残疾的客人应特别照顾;对性格开朗的客人说话可以随和一些等等。

7. 听——"眼观六路,耳听八方"

服务人员要随时留心观察客人情况,征求客人意见,随时发现服务过程中的问题和不足之处。一经发现,就要及时改进和弥补。

8. 送——送别客人,善始善终

客人离店既是客房服务的结束,又是下一轮服务工作的开始。

上述八字工作法,形成一个完整系列的服务过程,是客房服务质量标准的本质表现。

(五)服务个性化

标准化、程序化和规范化的服务是酒店服务质量的基本保证。但是,只有标准化,而没有个性化的服务是不完善的,是不能真正满足客人的需求,令客人完全满意的。因此,在酒店业竞争日趋激烈的今天,个性化服务已经成为酒店之间竞争的有力措施,成为服务的大趋势。客房服务尤其如此。为提供个性化服务,提高客人的忠诚度,客房部通常建立完善的客史档案,并根据客人需求的变化不断调整服务的规程和标准。如提供夜床服务的酒店要能够保证为客人开喜欢的那张床,放客人喜爱的水果、茶等物品。不再强求所有客人看同一份报纸,而是根据客史档案将客人喜爱看的报纸或杂志的放入客房。

任务实施

★ 活动项目

酒店客房部跟岗学习。

活动目的

让学生了解客房优质服务的目的与意义,同时让学生理解"客人满意"后的快乐带给自己的成就感。

活动要求

学习过程中重点观察酒店在规范化基础上为客人提供的个性化服务。

活动步骤

1. 分小组学习,并分别选定一名优秀客房员工作指导老师。

2. 学习观察对客服务的有效方法：如在清扫客房时，客人回房的处理；醉酒客人的处理。
3. 学习通过整理房间时的观察来推测客人所需，从而提供相应服务。
4. 小组讨论：在学习过程中客房服务员处理客人个性化需求时提供相应服务的利弊，是否有更好的处理方法。

活动评价

活动评价表如表 2-2 所示。

表 2-2　活动评价表

项目	活动效果	存在问题
能判断服务员不规范的服务		
能根据服务员的对客服务说出优质服务的方法		
能通过服务观察客人的需求		

任务拓展

客房个性化服务——细致服务

个性化服务是针对独特个体的具有鲜明的灵活性、针对性、突发性、差异性的服务，也是满足不同客人合理的个别需求，提供即时、灵活、体贴入微的服务，一般不再额外收取费用。

个性化服务是根据不同类型的客人，将个性化服务落到实处，服务的过程中注重细微，关注细节，用心细致，想客人之所想，想客人之未想，及时发现并满足客人的潜在要求，提高宾客满意度和对酒店的忠诚度。

一、了解客人兴趣爱好

"投其所好"的服务是在规范服务基础上的升华，是让客人对酒店产生信任和认同感的有效手段。因此，服务人员应该在工作中眼观六路、耳听八方，及时发现并准确判断出客人的兴趣爱好，为客人提供恰到好处的服务。

1. 眼观六路——洞察客人兴趣

客人的兴趣爱好多种多样，服务员善于发现，才能做好针对性的服务。例如，服务员在清扫房间时发现客人房间里经常会有一瓶打开的饮料，可见该房间的客人有喝饮料的习惯，那么，服务员就应及时补进，客人再次入住时就可以预先放置这些用品。

2. 耳听八方——捕捉客人爱好

要做好客房细致服务，不仅要善于"看"，还要善于"听"，通过与客人的交流发现客人的爱好，并为之提供相应的服务。

例如,当了解到某位客人平时喜爱吃某类水果或常饮某个品牌的饮料时,在每次给该客人送水果或赠送饮料时,适当加入客人喜爱的品种。若酒店平时无法提供该类水果或饮料,也可以在某个特别的日子专门为该客人特别奉上他喜爱的水果。

二、尊重客人的生活习惯

客人房间任何一点细小的变化和摆设都可能是服务员发现客人生活习惯的载体,而根据客人生活习惯提供个性化服务无疑会让客人感受到不一般的惊喜。通过客人历史档案和日常服务中的观察,了解客人生活习惯,主动为客人提供个性化服务,让客人求尊重的需求得到最大的满足。

1. 根据客人意愿调整客用品的配置

客房内的客用品摆放都有一定规范,客用品摆放的原则是让客人使用方便。有些客人根据自己的习惯会对客用品的摆放做一些调整,服务员要尊重客人意愿,而不必按规范恢复。如客人自带食品要存放冰箱而将酒店配备的饮料挤成一堆或放到冰箱外面,服务员不能为标准摆放而将饮料复原,如果客人食品很多,并且一直没有使用酒店提供的饮料,可在征求客人同意后将冰箱清空以便客人存放自己的食品。

有的酒店规定客房电视一台一律调在中央台一套,这对国内客人是很重要的,但如果根据客人国籍来调整电视频道,效果会更好一些。服务员只需检查电视机能否正常使用,不必按规范调节频道及音量。

如果客人是"左撇子",服务员应主动按照客人的习惯将房间客用品向左摆放,如"夜床"开在床的左侧,遥控器放在电视机的左侧,卫生间的物品盘及面巾纸摆在洗脸台的左侧,衣架也挂在衣柜左侧等等。

2. 根据客人要求安排清扫时间

每位客人作息时间不一,清扫客房时一定要根据客人的需求,事先征求客人的意见。某酒店住了一位法国来的工程师,他习惯于晚上办公,上午睡觉,楼层服务员按照惯例上午进房清扫,客人很不满意并提出下午来清扫。到了第二天,另一名服务员上午又去敲门清扫房间,法国客人十分恼火,当天中午就离开了该酒店,换到了另一家酒店。这些细节看似不起眼,但是很重要,平时工作中一定要细心观察并做好基本的记录,并在交接班时交接给下一班工作人员。

如果客人有午睡的习惯,每天都应在中午前优先整理好该房间,同时开好夜床,以便客人午休。

3. 根据客人情况调整服务规范

服务规范是根据客人共性需求制定出来的,但遇到具体客人时还是要变通的。例如,客房部员工要养成敲门进房的习惯,一定要敲三次。但遇到空房、走客房是否还要按规范去敲门,答案是肯定的,也必须敲门,但可以减少敲门次数。按规范服务员把客人引领进房时,应向客人介绍客房的设备设施,但如果是常客就可以不用介绍。

又如,服务员平时进入客房是不用脱鞋的,而且清扫房间时最好是乘客人不在房间时进行。但当发现客人有洁癖时,服务员进入该房可以考虑脱鞋或脚上套上塑料套,清扫要耐心细致,当着客人的面进行清洁工作,以实际行动来消除其顾虑。

(资料来源:酒店客房管理公众号,2019-7-6.)

项目小结

本项目重点介绍了客房员工的职业道德规范、客房员工的基本素质要求、客房员工的礼貌礼节,以及客房优质服务的方法,客人来店前的准备工作,客房优质服务的"五化"要求等。

项目训练

一、知识训练

1. 为什么客房员工要遵守职业道德规范?
2. 客房服务员需具备哪些礼貌礼节?
3. 你如何理解客房优质服务的"八字决"?

二、能力训练

张小姐住在一家新开试营业的酒店好几天了,每天回到房间,客房都被打扫得干干净净,她感觉到很满意。有几次遇到了负责这个楼层的服务员李大姐,李大姐都很亲切友善地跟她打招呼,让张小姐感觉特别温暖。

这天,张小姐没有外出,在房间工作。李大姐来敲门,询问是否可以打扫房间。张小姐说只要换个垃圾袋就可以了,李大姐便进来开始操作。她换了垃圾袋之后,还很负责地把卫生间的地面、台面都擦了一下,并且主动更换用过的毛巾。这时,张小姐到门口小吧柜取东西时无意中看见,李大姐把新的毛巾放在卫生间地面上卷成团后放到了毛巾架上。

这让张小姐感觉很不好。由于跟总经理关系不错,她就直接跟总经理聊了这件事情,因为李大姐服务一直做得不错,张小姐请总经理千万不要直接批评她。总经理表示了歉意,说明这批新员工可能培训还是不到位,会进一步做培训。

(资料来源:成都英普瑞酒店管理公司网站,2015-04-30.)

思考:

1. 请你分析李大姐这么做的原因?
2. 如果你是总经理,你接下来会如何做?
3. 如果你是客房部经理,接到总经理转告的这个情况,你会怎么做?

项目三
客房清扫

项目目标

熟悉客房清扫要求,掌握客房清扫流程,提升服务意识和服务观念。

职业知识目标:
1. 熟悉清扫前的准备内容。
2. 熟悉各类房态、卫生间的清洁流程和注意事项。
3. 掌握客房清洁卫生的质量标准。

职业能力目标:
1. 掌握中式铺床技能。
2. 掌握开夜床服务技能。
3. 掌握各类房态、卫生间的清扫流程。
4. 熟悉客房清洁设备保养的方法。
5. 提高学生的观察能力、动手能力、实践能力。

职业素养目标:
1. 通过学习,增强学生对酒店工作的热爱,培养职业爱好,从而树立良好的服务态度。
2. 通过合作学习,让学生体会到学习的乐趣,树立自信心,学会合作和敢于创新。

知识框架

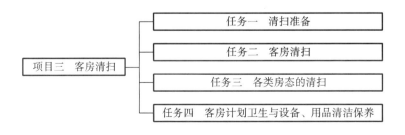

教学重点

1. 各类客房房态清扫流程。
2. 中式铺床技能。
3. 开夜床技能。
4. 客房用品清洁保养的方法。

教学难点

客房清扫流程　按时、按质量完成中式铺床

项目导入

国庆黄金周期间,C市的酒店天天爆满。实习生张婷接到任务,立即清扫刚退房的3118房。张婷推着房务工作车来到3118房,打开房门,她不知所措地站在房门口,房间内桌上、地毯上满是纸屑和垃圾,棉被被随意扔在沙发上,走进卫生间,地面上还有许多毛发。

张婷在接到工作任务后应做好哪些准备工作?在清扫整理客房过程中又该如何操作呢?

任务一　清扫准备

任务引入

小李是一名即将毕业的中职旅游专业的学生。毕业前,学校安排小李等同学到酒店相关部门实习,客房部经理要求小李在上岗前提交一份关于客房清扫准备流程与步骤的书面材料,并能从房务车准备、吸尘器准备、清洁剂准备等方面进行现场展示。请问小李可以从哪些方面着手准备?

首先,小李应该再次梳理关于客房清扫的知识要点,为面试时的展示环节做好充分准备。

其次,小李应该再次设计和强化客房清扫准备过程中的流程与要点,与酒店相关工作进行结合,有效表现出个人在校期间形成的优秀专业素养。

任务剖析

凡事预则立，不预则废。客房清扫准备是客房清扫工作的重要组成部分，是后期进行客房清扫的关键环节。因此，精心做好客房清扫准备显得尤为重要。

一、房态及清扫顺序

（一）房态

客房房态也就是客房的一个情况，为了随时掌握酒店客房房态的变化，因此在酒店客房管理中，设计了一个客房的情况图，常见的客房房态如下。

住客房（Occupied）——OCC：客人正在住宿的房间，此类房间可做一般清扫处理。

走客房（Check out）——C/O：表示客人结账并已经离开的客房。此类客房经清洁整理、检查合格后可立即重新出租，因此走客房要进行彻底全面的清扫。

空房（Vacant）——V：昨日暂无人租用的房间。一般做简单清扫处理。

未清扫房（Vacant dirty）——V/D：表示该客房为没有打扫的空房。

外宿房（Sleep out）——S/O：表示该客房已被租用，但住客昨夜未归，为防止发生逃账等意外情况，楼层应将此种客房通知总台。

维修房或待修房（Out of order）——OOO：亦称坏房，表示该客房因设施设备发生故障，暂不能出租，一般可做简单清理。

已清扫房（Vacant clean）——V/C：表示该客房已清扫完毕，可以重新出租，亦称"OK房"。

请勿打扰房（Do not disturb）——DND：表示该客房的客人因睡眠或其他原因而不愿服务人员打扰。

贵宾房（Very important person）——VIP：表示该住客是酒店的重要客人。

常住房（Long staying guest）——LSG：长期有客人包租的房间，又称"长包房"，可做一般清扫处理，但一定时期后，应在客人方便的时候给予彻底的清理。

请即打扫房（Make up room）——MUR：表示该住客因会客或其他原因要求服务员立即清扫。

（二）客房清扫顺序

客房清扫顺序确定一般应遵循以下几个原则。

（1）满足住店客人的需求。

（2）保证总台的售房。

(3) 方便工作,提高效率。
(4) 有利于客房设施的维护与保养。

客房服务员了解了自己所要清扫的房间的使用状态后,应根据开房的急缓先后、客人情况或是领班的特别交代,决定当天客房的清扫顺序。一般情况下,客房的清扫顺序为:前台通知迅速打扫的房间、有"请即打扫"标志的客房、住客房、离店客房、空房。

客房清扫顺序的排列,其目的在于既要满足客人的特殊要求,又要以客房出租的周转为优先考虑的因素。因此客房的清扫顺序不是一成不变的,应视客情而定。"请勿打扰"房一般应在客人取消标志后再打扫,如果客人在酒店规定的时间内"请勿打扰"的标志未取消,应按有关规范进行处理。长住房则应征求客人的意见,协商后,定时打扫。

二、工作车准备

房务工作车是客房服务员整理、清扫房间的主要工具。要按酒店的规定将一个班次的工作量所需供应品、备品数量布置工作车。

(一) 房务工作车准备步骤

(1) 清洁车:用湿抹布把工作车内外擦拭干净,检查有无损坏。
(2) 挂两袋:将干净的布件袋和垃圾袋挂在工作车两侧的车钩上。
(3) 放布件:将干净的布件放在车架中,床单和枕套放在工作车的最下格,浴巾、面巾、脚巾放在工作车的上两格。
(4) 放用品:将客房用品整齐地摆放在工作车的顶架上。
(5) 备清洁桶:清洁桶放在工作车底层的外侧。桶内备清洁剂、消毒剂、尼龙刷和橡胶手套等,注意将清洁便器和其他清洁设备的用具严格分开,专项专用。
(6) 备抹布:准备干净的干抹布两条、湿抹布两条、抹地布一条,百洁布、泡棉等,注意房间抹布和卫生间抹布要分开,清洁脸盆的抹布和清洁便器的抹布分开,抹地布和其他分开,抹布要保持干净,经常进行消毒,用不同的颜色进行区分。

(二) 装车的要求、标准和注意事项

(1) 装车前留意车辆有无损坏,车内外尚没干时,切勿摆放布巾及用品。
(2) 较贵重物品不要暴露在当面处,以防他人取走。
(3) 切勿放置过多或不充足的清洁用品于桶内。
(4) 吸尘器随车同行,电线按标准绕在吸尘器上并处于良好的状态。
(5) 敲门通报前将吸尘器和服务车停放在门旁侧距房门20厘米处,不能放在走廊中间。
(6) 确认客人不在房间内,方可将工作车推到房间门前将房门堵住。
(7) 客人在房间内将工作车推至门前,留20厘米空间以便客人进出。

(8) 工作车的正面正对着房门,确保工作车不阻碍其他客人的房门,保证走廊畅通。

三、吸尘器和清洁剂的准备

（一）吸尘器

吸尘器是客房清扫中的主要吸尘设备。吸尘器不仅可以吸除其他清洁工具难以清除的灰尘,如缝隙、凹凸不平处、墙角及形状各异的各种摆设上的尘埃,而且不会使灰尘扩散和飞扬,清洁程度和效果都比较理想(见图3-1)。

图 3-1　吸尘器[①]

1. 吸尘器的使用步骤

(1) 检查吸尘器的电源线、插头、把头是否完好。

(2) 检查储尘袋是否干净。

(3) 检查吸尘器是否完好,各部件安装是否正确,将吸尘器推到工作地点。

(4) 插头插在靠近门口的插座处,电线三开,将吸尘器挪到房间的拐角处,打开窗帘,拾起地上的废物。

(5) 启动吸尘器进行清扫,不要碰到家具,由里向外清洁,以便不留有脚印。

(6) 不要在远处拔电源插头,要用手拔掉插头。

(7) 工作结束,清理干净吸尘器,放回工作间。

2. 吸尘器使用注意事项

(1) 注意地毯毛的方向,顺着毛吸。

---

① 图片来源于网络。

(2) 不能用脚去踢吸尘器。
(3) 在吸尘过程中主要不要让线绊倒客人。
(4) 吸尘时应注意地毯上是否有沾水,以免吸尘器将水吸入机体内烧坏机器。
(5) 边角吸尘时,要注意力度,以免把把头及木具撞坏。

3. 吸尘器保养
(1) 将吸尘器内外抹干净,做好日常保养,爱护清洁设备。
(2) 尘隔、尘袋要定期对吸,把头和滚刷要定期清理。
(3) 发现异常立即停止使用,上报主管。
(4) 定期让供应商检查保养,如除尘、上油等。

(二) 清洁剂

酒店常见清洁剂的种类、用途及正确的使用方法如下。
(1) 多功能清洁剂,可用来去除油垢,除地毯外其他地方均可使用。
(2) 浴室清洁剂,酸性,稀释使用。
(3) 便器清洁剂,强酸性清洁剂。
(4) 玻璃清洁剂,碱性,将清洁剂装在高压喷壶内,使用时对准脏迹喷一下,然后立即用干抹布擦拭。
(5) 金属擦拭上光剂,将上光剂倒在柔软的干抹布上,然后对器皿进行反复擦拭,最后用一块干净的抹布将其擦至发亮。
(6) 家具蜡,液体,将家具蜡倒些在抹布或家具表面上擦拭一遍,约15分钟后再用同样方法擦拭一遍。
(7) 空气清新剂。空气清新剂的主要物质如下:①除味剂、除臭剂。除了抛射剂和压缩性气体,密闭罐中的空气清新物质一般为含有与硫化合物、氨、胺类、甲醛发生化学反应的物质,如硫酸亚铁等。②清新剂、清香剂。多为多醇类、薄荷油、香精等物质。向空气中喷洒上述空气清新剂,可以除味、除臭,加上多醇类、薄荷油、香精等物质,能给人们空气清新的感觉。
(8) 杀虫剂。杀虫剂是指杀死害虫的一种药剂,如甲虫、苍蝇、鼻虫、跳虫以及近万种其他害虫。杀虫剂的使用先后经历了几个阶段:最早发现的是天然杀虫剂及无机化合物,但是它们作用单一、用量大、持效期短;有机氯、有机磷和氨基甲酸酯等有机合成杀虫剂,它们的特征是高效高残留或低残留,其中有不少品种对哺乳动物有较高的毒性。
(9) 清洁剂使用时的注意事项:①一次量不宜过多;②掌握清洁剂的正确使用方法,了解清洁剂的主要性能;③使用前按说明书中要求的稀释比例稀释;④避免使用劣质的粉状清洁剂。

任务二　客房清扫

任务引入

小李是一名即将毕业的中职旅游专业的学生。毕业前，学校安排小李等同学到酒店相关部门实习，客房部经理要求小李在上岗前提交一份关于客房清扫流程与步骤的书面材料，并能现场进行客房中式铺床展示。请问小李可以从哪些方面着手准备？

任务剖析

首先，我们应该再次梳理关于客房清扫的知识要点，为面试时的问答环节做好充分准备。

其次，我们应该再次设计和强化客房中式铺床过程中的流程与要点，熟练相关技能操作，强化技能标准，有效表现出个人在校期间形成的优秀专业素养。

理论知识

一、敲门进房

进房前，一定要再次核实房态，轻轻敲门三次；确认无人后，用房卡开门；缓缓把门推开，插卡开灯照明。操作标准如下。

(1) 用中指和食指关节轻敲房门，轻轻敲门三次，每次三下，每次报"客房服务员"或"Housekeeping"，若无声音，间隔5秒钟。

(2) 如果客人在房内，要等客人同意后方可进入，向客人问候，询问是否可以打扫房间。

(3) 缓缓地把门推开，把"正在清洁牌"挂于门锁把手上，房门打开至工作结束为止。

(4) 把小垫毯放在卫生间门口的地毯上，清洁篮放在卫生间云石台面一侧。

(5) 清洁住房须将工作车停放房门口靠墙一侧，须将工作车停放房门口 2/3 处。

二、撤床

(一)撤换脏布巾

按顺序撤床巾(叠好)、枕套、被套、床单,检查有无污迹、破损(如有特殊污迹,应将布巾打结处理)和有无夹带客人物品,将脏布巾放入工作车布袋内,并带回干净布巾,严禁放在地上。

按一换一标准配备干净布巾,注意检查污迹和破损。

(二)拉床

双手紧握床尾部,将床抬起10—20厘米拉出,使其床身离开床头板约50—60厘米,注意不要碰撞家具。注意床垫的翻转,贴上标签(每周头尾调换一次,每月上下翻转一次),使床垫受力均匀,床垫与床座保持一致。

检查床架、床垫有无破损,并保证床垫与床架齐平。

检查床垫、床褥表面有无发丝,将床褥拉平整,注意床褥有无污迹,如果有污迹,应撤换送洗。

将床褥四角套在床垫上,并检查是否放正。

三、中式铺床

(1) 整理床垫(准备工作时):位置正确、平整,四边平齐,床垫无污迹、无毛发、无破损,床垫拉正对齐。

(2) 抛铺床单:开单、抛单、打单定位一次成功;床单中线居中,不偏离床垫中线;床单正面朝上,表面平整光滑;包角紧密垂直且平整,式样统一;四边掖边紧密且平整。

(3) 套被套:站在床尾,一次性抛开被套,平铺于床上;被套口向床尾打开;羽绒被芯放置于床尾,被芯长宽方向与被套一致;将被芯两角一次性套入被套内,被芯头部塞入被套顶部并填实,抖开被芯,四角定位,被芯与被套两边的空隙均匀;抛开羽绒被,被头拉到与床垫的床头部位齐平,一次定位成功;被头朝床尾方向反折45厘米。被套中线居中,不偏离床中线;羽绒被在被套内四角到位,饱满、平展,羽绒被在被套内两侧两头平整,被套表面平整光滑,被套口平整且要收口,被芯、绑绳不外露(见图3-2)。

(4) 套枕套:将枕芯平放在工作台上,撑开枕袋口,将枕芯往里套;抓住枕袋口,边提边抖动,使枕芯全部进入枕袋里面;将超出枕芯部分的枕袋掖被,枕套开口包好不外露,并把袋口封好;套好的枕头须四角饱满、平整,且枕芯不外露(见图3-3)。

(5) 放枕头:枕头放置于床头中央,与床头平齐,枕头开口朝下并反向床头柜,放好的枕头距床两侧距离均等,整个枕头表面平整、光滑、无皱折,枕套中线与床单中线在一条线上(见图3-4)。

  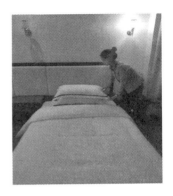

图 3-2　套被套　　　　图 3-3　套枕套　　　　图 3-4　放枕头

（6）外观：床铺整齐美观，整张床面平整。

（7）总体印象：操作规范、自如，轻松紧凑，动作优美，技术娴熟，不能跑动、绕床头、跪床或手臂撑床，不重复。

四、地毯的清扫

在公共区域保洁工作中，地毯清洁是一项费用昂贵且永无休止的工作。地毯要坚持每天进行吸尘，还要定期进行清洗。

带有沙土的鞋一旦踩过地毯，沙土就会嵌入地毯内，使地毯纤维受到磨损。地毯上的食物痕迹和油迹若不及时消除，时间一长就得使用强效清洁剂或溶剂，这些都不利于地毯的清洁保养。因此，定期对地毯进行保养是至关重要的，不仅能使地毯干净，也能减少对地毯的更换。

（一）地毯的种类及特性

1. 羊毛地毯（由羊毛、蚕丝构成）

优点：华贵、柔软、保温、安全、隔音。

缺点：吸潮、易霉、易生虫、价格贵且难保养。

2. 混纺地毯（由羊毛、麻、棉构成）

广泛使用，在纯羊毛纤维中加入了一定量的纤维。

3. 人造纤维（由尼龙、混衫构成）

优点：防潮、耐磨、价格便宜、易清洗。

缺点：易吸附灰尘、质地硬、弹性差、易返污。

（二）及时除渍

一般来讲，去渍最佳时间在 6 小时以内，但若污渍浸染时间久，污渍变干或渗入地毯根部，形成陈旧性污渍，此时要想彻底清除已非易事。

1. 水溶性污渍

主要由茶、饮料、水果汁、咖啡汁等污物引起。清除程序如下。

(1) 先准备好专用工具及药剂(软毛小刷、干抹布、小喷壶、小水桶、地毯除渍剂)。

(2) 按1∶5比例,用温水调配好药剂。

(3) 将兑好的药剂从外至内喷在污渍上。

(4) 等反应2—5分钟后用软毛小刷由外向内上下左右轻刷,直至污渍除干净,过一至二遍清水,用干抹布吸干。

(5) 做好收尾工作,清洁保养好工具归仓。

2. 油溶性污渍

主要由动植物油、工业油、鞋油等污染物形成。清除程序如下。

(1) 先准备好专用工具及药剂(软毛刷、干抹布、小喷壶、地毯除油喷剂、地毯除渍剂、小水桶)。

(2) 将地毯除油渍剂从外到内喷在污渍上、将污渍包围。

(3) 等反应2—5分钟后用软毛刷由外向内轻擦,将污渍去除后,用抹布吸干。

(4) 然后将地毯除渍剂由外向内喷洒在污渍上等反应1—2分钟后用软毛刷由内轻擦,直至污渍清除,用干抹布吸干。

(5) 过一至二遍清水,抹干水渍。

(6) 做好收尾工作。

3. 胶质性污渍

主要由口香糖、泡泡糖残渣及油漆等污物形成。清除程序如下。

(1) 先准备好专用工具及药剂(软毛刷、干抹布、小喷壶、香川胶溶剂或特高128、地毯除渍剂,小水桶)

(2) 将香川胶溶剂或特高128均匀喷洒在污块上。

(3) 等反应2—5分钟后用干净抹布从外向内将软化污块整块聚剥离(如还有残胶,继续以上操作,直至污块全部去除)。

(4) 用兑好的地毯除渍剂配合软毛刷进行刷洗污渍,刷完后吸干污水。

(5) 最后过两遍清水,吸干水。

(6) 做好收尾工作。

4. 顽固污渍清除程序

(1) 先准备好工具及药剂(去咖啡清洁剂、干净地巾及抹布若干、电熨斗一个、抽洗机、小水桶)。

(2) 用去咖啡清洁剂均匀喷洒在顽固污渍上。

(3) 把报废地巾铺在咖啡污渍上,再用准备好的电熨斗直接烫在咖啡渍地巾上。

(4) 咖啡污渍将会印在报废的地巾上,来回重复这些程序直到印有咖啡渍的地毯与原地毯颜色接近为止。

(5) 最后用地毯抽洗机配清水对去渍后的地毯进行多次抽洗。

(6) 做好收尾工作。

(三) 注意事项

(1) 操作员必须戴手套,因为清洁剂存在较强的腐蚀性。
(2) 每次去完咖啡渍后必须用抽洗机多次吸水,避免药水对地毯造成损害。
(3) 在使用电熨斗时不能直接接触地毯,必须在地巾上,避免把地毯烫坏。

(四) 地毯污渍紧急处理程序

(1) 发现污渍。
(2) 辨别污渍。
(3) 紧急处理。
(4) 电话通知房务中心。
(5) 房务中心接到电话信息后及时通行 PA 部(保洁部)当班主管或领班(作息要清楚)。
(6) PA 部负责人根据污渍种类及时调专业人员和专业工具及设备前往报洗地点。
(7) PA 部专业人员到达后,立即与报洗人员联系,确认报洗内容。
(8) 按地毯局部污渍处理程序进行处理。

任务实施

活动目的

掌握中式铺床的基本流程。

活动要求

按照中式铺床的流程、规范要求完成服务工作。

活动步骤、活动评价

活动步骤及活动评价见表 3-1。

表 3-1 活动步骤及活动评价表

评价内容	实训内容	评价方式	
		小组评价	教师评价
中式铺床 (3 分 30 秒内完成)	按流程撤下使用过的布草,并放置房务工作车内	完成 □ 未完成 □	完成 □ 未完成 □
	一次打单定位,床单正面朝上、中位线居中	完成 □ 未完成 □	完成 □ 未完成 □

续表

评价内容	实训内容	评价方式	
		小组评价	教师评价
中式铺床 （3分30秒内完成）	包边、包角紧致平整，包角样式统一	完成 □ 未完成 □	完成 □ 未完成 □
	被套一次打开定位，被芯四角饱满平整	完成 □ 未完成 □	完成 □ 未完成 □
	枕头四角均匀饱满下垂	完成 □ 未完成 □	完成 □ 未完成 □
	床单、被套、枕头三线合一	完成 □ 未完成 □	完成 □ 未完成 □
	不绕床头、不跪床、不拍打床面	完成 □ 未完成 □	完成 □ 未完成 □

评　　价：　　优秀 □　　良好 □　　基本掌握 □

自我评价：

小组评价：

教师评价：

任务拓展

绿色酒店

"绿色酒店"可以简单翻译为 green hotel，但国际上又把"绿色酒店"翻译为 ecology-efficient hotel，意为"生态效益型酒店"。由于"eco"也是 economy 的前缀，这个单词也隐含着"经济效益"的含义，意思是充分发挥资源的经济效益。应该说 green hotel 只是一种比喻的说法，是用来指导酒店在环境管理方面的发展方向。它可以理解为与可持续发展类似的概念，即指能为社会提供舒适、安全、有利于人体健康的产品，并且在整个经营过程中，以一种对社会、对环境负责的态度，坚持合理利用资源，保护生态环境的同时为酒店自身创造经济利益的酒店。简而言之，就是环境效益和经济效益双赢的结晶。

"绿色酒店"是指那些为旅客提供的产品与服务既符合充分利用资源，又保护生态环境的要求和有益于顾客身体健康的酒店。从可持续发展理论的角度考虑，"绿色酒店"就是指酒店业发展必须建立在生态环境的承受能力之上，符合当地的经济发展状况和道德规范，即一是通过节能、节电、节水,合理利用自然资源,减缓资源的耗竭;二是减少废料和污染物的生成和排放,促进酒店产品的生产、消费过程与环境相容,降低整个酒店对环境危害的风险。

任务三 各类房态的清扫

任务引入

"五一"期间,C市酒店房间非常紧张。实习生张婷接到前台任务,立即清扫刚退房的7511房。张婷来到7511房间门口,她思考着应该怎样清扫走客房。

任务剖析

张婷在整理走客房时,可按照走客房清扫流程进行清扫。

一、走客房的清扫

根据工作安排和房务中心提供的房态,及时有序地对走客房进行清扫,以便及时出租。

(一)准备工作

(1)将房务工作车停于房门口,房务工作车挡住房门1/3处靠墙停放。在打扫过程中应将房门保持打开状态。

(2)将吸尘器放置房门口。

(二)进入房内

(1)按正确的进房程序进入客房。

(2)确定房间无客人后填写工作时间表,准备开始工作。

(三)拉开窗帘、打开窗户,检查房间情况

(1)先拉开窗帘,再打开窗户,使房间通风换气。检查窗帘是否有脱钩、破损情况(见图3-5)。

图 3-5 拉开窗帘

(2) 检查房内空调是否工作正常,若正常,关闭开关。若有故障,立即报告主管。

(3) 检查房内是否有客人遗留的物品或损坏物品,若有,立即报告主管。

(四) 清理垃圾并撤走客人使用过的物品

(1) 将烟灰缸里的烟灰倒入指定的垃圾桶,在卫生间洗净,用布擦干、擦净。

(2) 撤出客人使用过的餐具、茶具等,并添补上消毒干净的杯具。撤换时注意,若杯中有客人的假牙、隐形眼镜、名贵药材等,则切勿移动。

(3) 清除房内垃圾,将地上垃圾拾起扔进垃圾桶,并将垃圾桶内垃圾分类清理,垃圾桶内换上干净垃圾袋。

(五) 撤床

(1) 观察床上是否有客人的遗留物品。

(2) 拉出床垫,距床头 50 厘米。

(3) 逐条撤下客人使用过的布草放进房务工作车内,并带入干净布草。

(六) 做床

按铺床的流程进行操作。

(七) 擦拭灰尘,检查设备

(1) 房门。房门应从上到下进行除尘,同时检查房门是否能自动闭合,检查门锁是否完好。

(2) 风口与走廊灯。一般是定期擦拭,用干抹布擦拭走廊灯。

(3) 壁柜。擦拭壁柜,同时擦净衣架、挂衣杆,检查衣刷和鞋拔件是否齐全。

(4) 酒柜。擦净小酒柜,检查冰箱是否工作正常,并填补相关物品。

(5) 行李架。擦净行李架面和挡板(见图 3-6)。

(6) 写字台、化妆台。擦拭写字台和化妆台桌面灰尘,擦拭梳妆镜时干抹布和湿抹布分开使用。将服务指南等物品规范摆放。

图 3-6　行李架

(7) 电视机。用干抹布擦拭电视机,并打开电视检查图像是否清晰,是否正常工作,音量是否适中。

(8) 地灯。用干抹布擦拭。

(9) 窗台。窗台先用湿抹布擦拭,再用干抹布擦拭。窗台滑槽内若有沙粒,可用刷子清除。

(10) 沙发和茶几。用干抹布擦去浮尘,注意清理沙发靠背之间脏物。茶几先用湿抹布擦拭,再用干抹布擦拭,保持其光泽度。

(11) 床头板。用干抹布擦拭床头灯泡、灯罩、灯架和床头板。

(12) 床头柜和电话。检查床头柜电源开关是否工作正常。擦拭电话,用湿抹布擦拭话筒灰尘,用酒精棉球擦拭话机(见图 3-7)。检查"请勿打扰""请即打扫"等功能灯是否工作正常。

(13) 壁画。用湿抹布擦拭画框,用干抹布擦拭画面,并摆正挂画。

(14) 空调。用干抹布擦拭空调开关上的灰尘,并检查空调是否工作正常。

(八) 补充客房用品

(1) 补充新的茶具、水杯(见图 3-8)。

图 3-7　床头柜和电话

图 3-8　茶具、水杯

(2) 更换、配备各类文件和宣传用品。

（九）吸尘

(1) 吸尘时按地毯表层毛的倾倒方向进行吸尘，房间内若有水的地面一定要清洁干净后再吸尘。

(2) 吸尘时由里到外，注意梳妆台、沙发下、窗帘及门背后等均要吸到。

（十）清扫卫生间

按卫生间清扫流程操作。

（十一）环视检查，关灯锁门

(1) 环视整个房间是否清洁干净，物品摆放是否到位。检查是否有清洁工具遗留在房内。

(2) 关窗。调整好窗帘，将防尘帘拉好，里层窗帘拉开（见图3-9）。

图 3-9　调整窗帘

(3) 关灯，退出房门。
(4) 填写"清洁工作报表"，填写操作时间、撤换物品和维修项目等。

二、住客房的清扫

住客房清扫程序和走客房大致相同，但一定要注意以下几点。

（一）客人在房内

(1) 进入房内，先向客人礼貌问好，并询问客人是否需要整理房间。

(2) 若客人暂不需要，礼貌道别后退出房间，将客人房间号和客人需要清扫的时间记录在工作表上。

(3) 若客人需要整理房间，按照客房清扫程序进行操作。

(4) 在整理房间过程中，若遇客人中途回房间，主动向客人问好并请客人出示房卡，确认为该房间客人后，询问客人是否可以继续整理房间。

(5) 整理房间结束,礼貌地向客人道别,并询问是否还有其他要求,如无其他要求则退出房间。

(二) 客人不在房内

(1) 客人的文件、书报、杂志不得随意合上,不得随意摆放,更不得擅自翻看。
(2) 除扔进垃圾桶的垃圾,其余物品,即便是客人扔在地上的废旧物品,也只能为客人稍加整理,不得擅自处理。
(3) 擦拭行李架、衣柜时,只需要除去大面积灰尘。
(4) 客人放在椅凳或床上的衣服不得随意翻动或挪动,尤其是女士的衣物。
(5) 不随意触碰房间内客人的贵重物品,如相机、笔记本电脑、手机等。
(6) 整理过程中动作轻便,不得与客人闲谈。
(7) 在整理房间过程中,房间电话铃响了不应接听,酒店总机会为客人提供留言服务。

三、空房的整理

空房的整理较为简单,但为了保持房间的良好情况,必须每天进行整理。
(1) 每天进房,开窗、开空调(一般在 22—24 ℃),通风换气(见图 3-10)。

图 3-10 空调温度

(2) 用干抹布擦去桌椅、电视、电话、灯具、床头柜等设备上的灰尘。
(3) 房间持续为空房,则每隔两天用吸尘器吸尘一次。
(4) 卫生间的毛巾因干燥而容易失去柔韧性,应及时更换。
(5) 卫生间的面盆、浴缸、马桶要放水 1—2 min,以保证水质清洁、无异味。
(6) 检查房间内设施设备有无异常情况。
(7) 关窗、关空调,环视检查,退出房间。

四、卫生间的整理

(一) 清洁前的准备

(1) 打开浴室灯具和换气扇。
(2) 准备好清洁工具,可放置在洗脸台下方的地面上。在卫生间门口放置地巾,防止卫生间的水被带进卧室。

(3)刷浴缸、面盆和清洗马桶的百洁布应严格分开放置,将要用的三块湿抹布拧干放在一边待用,以防交叉污染。

(4)准备好清洁用的消毒水和清洁水。

(5)放水冲净坐厕,在坐厕内喷入清洁剂,注意不能直接将清洁剂倒在釉面上。

(6)撤掉客人使用过的脏布巾,并放入布件袋中。

(二)清洁烟灰缸和垃圾桶

(1)将烟灰缸里的垃圾倒入垃圾桶,在浴室内清洗干净(见图3-11)。

(2)将客人使用过的牙具、香皂等一次性消耗用品收集放在垃圾桶里。

(3)将卫生间垃圾桶内的垃圾倒入房务工作车的垃圾袋里。

图3-11　烟灰缸

(三)清洗面盆和面台

(1)将客人物品移至旁边,清洁结束后将客人物品复位。

(2)使用多功能清洁剂清洁面盆、台面和五金配件并冲洗干净(见图3-12)。

图3-12　面盆

(3)用干抹布擦干净,擦亮五金配件。

(4)将面盆下的布件篮和地秤清洁干净,确保无水渍、毛发和灰尘。

(5)确保面盆、台面等无毛发、灰尘。

(四)清洁浴缸

(1)按下浴缸塞。

(2)放入少量温水,使用多功能清洁剂清洗浴缸、五金配件和墙面,从里到外进行洗刷。

（3）清洗后放走污水，用清水冲洗墙面和浴缸，不能留下任何污渍和水渍。
（4）擦亮五金配件。
（5）确保浴缸内无水渍、污迹、毛发。用专用干抹布将浴盆四周、外沿、内沿擦净（见图3-13）。

（五）清洁马桶

（1）使用规定的马桶清洁剂，用长柄刷擦洗马桶内壁。
（2）用专用抹布擦净马桶座圈、盖板、边沿和外侧。
（3）用清水对残留物体进行彻底冲洗。
（4）定期清洁马桶水箱。
（5）清洁手纸架，卫生纸折角。
（6）用消毒剂或专用药水严格消毒。

（六）清洁电话

（1）卫生间电话必须每天用专用消毒剂消毒（见图3-14）。

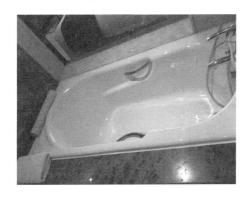
图 3-13　浴缸

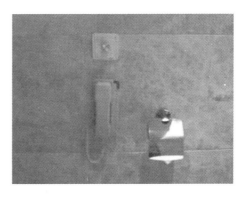
图 3-14　卫生间电话

（2）清洁与消毒后检查电话是否能正常工作。

（七）清洁镜面

（1）用清洁剂从左至右轻轻擦拭镜面上的污渍，再用沾有温水的抹布将镜面擦净。
（2）用干抹布将镜面抹净，确保镜面无水渍、污渍。
（3）擦拭镜框、镜架，确保无手印、水渍、污迹。

（八）补充客用品和布巾

（1）按规定补充客人所需的一次性消耗用品（见图3-15）。
（2）在规定位置摆放。

图 3-15　一次性消耗用品

（九）清洁地面

（1）先将去污剂喷洒在地面。
（2）用专用抹布从里到外擦拭，用清水冲净，再边退边擦净地面。
（3）定期向地漏内浇若干水，清洗地漏。

（十）检查并退出卫生间

（1）巡视卫生间，确保无遗漏、无死角。
（2）将清洁用品和器具带出卫生间。
（3）关灯退出房间，卫生间门虚掩，并记录清扫工作时间。

五、夜床服务

夜床服务通常在 18:00 以后进行，此时客人一般外出用餐或不在房间内，既可以避免打扰客人又方便完成工作。

（1）敲门问候——夜床服务，询问客人是否需要开夜床服务，征得客人同意，方可进入房间，若客人暂时不需要，则表示歉意并退出房间。
（2）确认房间无人，可开启房门进入房间。
（3）进入房间后开灯，将空调调到合适的温度，拉开窗帘。
（4）清理烟灰缸、废纸篓。
（5）更换使用过的茶水具。如果杯内有客人新泡茶水或盛有酒水等则不需撤走更换。补充茶叶、咖啡、矿泉水等。
（6）简单整理桌面。
（7）开夜床：取下靠枕，将被子从床头向外掀起，折成 30°—45°角。大床间开床时，开靠近窗户的一侧；双人床 2 人入住，均开靠床头柜的一侧；双人床 1 人入住，则开临近卫生间那张床。拆开一次性拖鞋，整齐地摆放在床边，鞋头朝外。将酒店规定的晚安卡、小物品摆放在规定位置(见图 3-16)。
（8）简单整理卫生间面盆、浴缸和马桶。

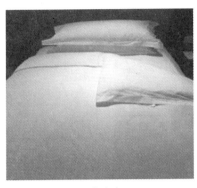 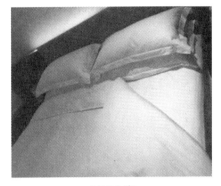

(a)单人床　　　　　　　　　(b)双人床

图 3-16　开夜床

（9）更换客人使用过的毛巾等，补充卫生间一次性消耗用品，卫生纸折角。

（10）将地巾平铺在淋浴间门口地面正中间位置，图案朝外，拖鞋放于地巾的一侧（见图 3-17）。

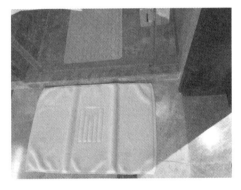

图 3-17　地巾

（11）将夜灯、床头灯打开，其他灯关闭。如果客人在房内，则无须关灯。

（12）将房门锁好后离开；若房间内有客人，祝客人晚安并退出房门。

任务实施

活动目的

通过对住客房清洁整理，熟悉并掌握住客房清扫流程和要求。

活动要求

分小组完成，由本人、小组成员和教师分别进行评价。

活动步骤、活动评价

活动步骤及活动评价见表3-2。

表 3-2 活动步骤及活动评价表

评价内容	实训内容	评价方式	
		小组评价	教师评价
1.服务准备	按规范准备房务工作车	完成 □ 未完成 □	完成 □ 未完成 □
	核实房态和房间号	完成 □ 未完成 □	完成 □ 未完成 □
	确定清扫整理程序	完成 □ 未完成 □	完成 □ 未完成 □
2.规范进房	符合敲门及进房的规范标准	完成 □ 未完成 □	完成 □ 未完成 □
3.整理卧室	按规范流程进行清洁整理	完成 □ 未完成 □	完成 □ 未完成 □
	正确选择并使用清洁剂	完成 □ 未完成 □	完成 □ 未完成 □
	按照正确方式整理客人私人物品	完成 □ 未完成 □	完成 □ 未完成 □
4.中式铺床 (3分30秒内完成)	按流程撤下使用过的布草,并放置房务工作车内	完成 □ 未完成 □	完成 □ 未完成 □
	一次打单定位,床单正面朝上、中位线居中	完成 □ 未完成 □	完成 □ 未完成 □
	包边、包角紧致平整,包角样式统一	完成 □ 未完成 □	完成 □ 未完成 □
	被套一次打开定位,被芯四角饱满平整	完成 □ 未完成 □	完成 □ 未完成 □
	枕头四角均匀饱满下垂	完成 □ 未完成 □	完成 □ 未完成 □

续表

评价内容	实训内容	评价方式	
		小组评价	教师评价
4.中式铺床 (3分30秒内完成)	床单、被套、枕头三线合一	完成 □ 未完成 □	完成 □ 未完成 □
	不绕床头、不跪床、不拍打床面	完成 □ 未完成 □	完成 □ 未完成 □
5.填补客用物品	按规范进行填补物品,并摆放整齐	完成 □ 未完成 □	完成 □ 未完成 □
6.清洁卫生间	按流程规范操作	完成 □ 未完成 □	完成 □ 未完成 □
	正确选择并使用清洁剂	完成 □ 未完成 □	完成 □ 未完成 □

评　　价： 优秀 □　　良好 □　　基本掌握 □

自我评价：

小组评价：

教师评价：

任务拓展

酒店客房机器人,让客房智能化

　　随着智能化机器人的逐渐投产运行,酒店客房也紧追潮流。客人通过在房间内打电话提出需求,酒店前台或房务中心工作人员将客人所需物品放置在客房机器人手中,并输入客人的房间号码,客人就可以在房间内等待客房机器人将所需物品送至房门。房间内,客房机器人还能替客人开关灯、窗帘、空调,更换电视频道等,如果客人想聊天,还能陪客人聊天、讲故事。客房机器人不仅能给客人带来新的入住体验,同时还能为酒店节约成本、提升酒店档次。

任务四　客房计划卫生与设备、用品清洁保养

任务引入

按照酒店计划卫生规定,本季度应该对床垫进行保养和维护。小张是新来的酒店实习生,接到对房间床垫维护保养工作,她应该怎么做?

任务剖析

小张应熟悉酒店计划卫生的时间安排,以及房间床垫维护保养的具体流程和要求。

一、客房计划卫生

客房计划卫生是指在做好日常客房清洁工作的基础之上,有针对性、有计划地对房间内的卫生死角或容易忽视的家居设备的保养进行周期的清洁计划,用以维护客房产品的清洁保养,维持客房设施设备处于良好状态。

客房计划卫生的内容一般包括清洁窗户、清洁冰箱、家具打蜡、铜器和不锈钢的清洁保养、卫生间出风口和排风扇的清洁、墙面清洁、床垫维护等,针对不同的项目,按照不同的周期进行清洁保养。

不同的酒店对计划卫生的组织形式不同,有的酒店以一周作为计划卫生周期,有的酒店以半个月或者一个月作为计划卫生周期。有的酒店会根据计划卫生的项目不同、要求不同,有些项目可能一周做一遍,有些项目可能十天做一遍,有些项目可能三个月做一遍。无论采取哪一种方式,酒店都应该以明确的计划、合理的周期因地制宜地确定计划卫生。

二、设备、用品清洁保养

（一）清洁窗户

1. 清洁玻璃

用涂水器蘸上清水,用力在玻璃表面涂擦。刮水器从上至下,从左至右地进行操作,刮

去玻璃上的污渍,切忌用刮水器干刮,会损伤刮条。

2. 擦拭窗台

用小刷子刷去玻璃框和滑道里的灰尘。先用湿抹布擦拭,再用干抹布擦拭。定期清洁窗户外框。

3. 通风

在房内清洁时可以把窗户打开,以便通风换气,房间整理完毕后需关闭窗户,拉好纱窗。

4. 检查与处理

检查所有工作,如发现窗户有破损或其他情况,及时向房务中心或领班汇报,并在工作表上注明房号。

（二）清洁冰箱

1. 准备工作

准备好抹布,多功能清洁剂按比例稀释。

2. 清洁冰箱

(1) 将冰箱内所有物品撤出。

(2) 将冰箱内温度挡调至 0 ℃处。

(3) 4 小时左右冰霜融化后,将适量清洁剂喷洒在冰箱内壁,从上而下、从里至外进行清洁和擦拭。

(4) 用干净的抹布再次擦拭以去除冰箱内的清洁剂,确保冰箱内无异味、污渍。擦拭冰箱的隔板和封条。

(5) 将饮料归位(见图 3-18)。

（三）家具打蜡

1. 准备工作

准备好干净抹布、稀释的清洁剂和家具上光剂。

2. 清洁家具

(1) 对于木质家具上的灰尘可用湿抹布擦拭干净(见图 3-19)。

(2) 如有污垢,可用稀释后的多功能清洁剂喷洒在污渍处,从左至右进行擦拭,污垢清除后,再用干抹布擦拭一遍,去除家具上的清洁剂残留。

3. 打蜡

(1) 为了保持木质家具的光泽度和使用寿命,需要定期给木质家具打蜡上光。

(2) 将蜡均匀地喷洒在抹布上,从左至右顺时针方向均匀地擦拭。

(3) 使家具表面整洁、无尘。

图 3-18 摆放饮料

图 3-19 木质家具

(四)铜器和不锈钢的清洁保养

1. 准备工作

准备专用抹布、抛光剂。移开铜器旁边的物品家具,或用废布遮盖,避免污染。

2. 喷涂抛光剂

(1) 将抛光剂摇匀,适量倒在抹布上,抛光剂的量要适中,避免外流。
(2) 用抹布均匀地涂抹在铜器表面。

3. 擦拭

(1) 待2分钟后,用干净的抹布擦拭铜器表面,擦拭用力均匀。
(2) 将所有抛光剂均擦拭干净,以防形成铜绿。

4. 抛光

(1) 用另一块干净抹布反复并迅速擦拭铜器表面,直至铜器干净、明亮。
(2) 擦拭金属制品不可用湿抹布,避免造成氧化。

(五)卫生间出风口和排风扇的清洁

1. 准备工作

准备好抹布、多功能清洁剂。

2. 卫生间出风口

(1) 日常清洁,只需用干、湿抹布将出风口灰尘擦净。
(2) 若出风口堆积污垢过多,可用多功能清洁剂将污垢去除。
(3) 用干净的湿抹布将残留的清洁剂擦拭干净。

3. 房间排风扇

(1) 将房间排风扇的过滤网拆下,用热水冲净后沥干。
(2) 在湿抹布上喷洒多功能清洁剂,擦拭排风扇上的灰尘、污垢。
(3) 使用干净的抹布将排风扇上多余的清洁剂擦拭干净。

(4) 将沥干的过滤网装回排风扇上。

4. 注意事项

此项目一般由工程部员工完成，客房部员工作为辅助。

（六）清洁墙面

1. 准备工作

准备好干净的抹布、清洁剂和家具上光剂。

2. 清洁墙纸

(1) 处理墙纸上的灰尘，只需用吸尘器套上毛刷头吸取灰尘。
(2) 处理墙纸上的擦痕，用干净的干抹布反复擦拭擦痕。
(3) 处理墙纸上的污迹，可用抹布蘸多功能清洁剂反复擦拭，再用干净湿抹布擦拭，最后用干净抹布擦干即可。

3. 清洁墙板

(1) 处理墙板上的灰尘，可用抹布擦拭干净。
(2) 处理墙板上的污渍，可用抹布蘸取适量多功能清洁剂后反复擦拭，再用干净湿抹布擦拭，最后用干净干抹布擦拭即可。

（七）床垫维护

1. 编号
(1) 在床垫的床头、床尾、正面、反面分别编上号码。
(2) 床头正、反面为1、3，床尾正、反面为2、4。正面为1、2，反面为3、4。
(3) 床垫标志分别贴于床头和床尾。

2. 翻转床垫
(1) 第一季度以标号1在床尾、2在床头。
(2) 第二季度将床垫前后平行180°旋转（"掉头"），床头转向床尾，以标号2在床尾、1在床头。
(3) 第三季度将床垫向左翻转180°（"翻身"），标号3在床头、4在床尾。
(4) 第四季度将床垫前后平行180°旋转（"掉头"），标号3在床尾、4在床头。
(5) 每季度在第一周内完成床垫翻转工作。

任务实施

活动目的

让学生掌握家具打蜡的流程，认识并学会使用家具抛光剂。

活动要求

熟练完成家具打蜡流程。

活动步骤、活动评价

活动步骤及活动评价见表3-3。

表3-3 活动步骤及活动评价表

班级：_____ 姓名：_____ 时间：_____

序号	考核内容	考核要点	评分标准	总分	扣分	得分
1	准备工作	准备好干净抹布、稀释的清洁剂和家具上光剂	(1)抹布不干净扣1分 (2)清洁剂未稀释扣1分 (3)物品未准备齐全扣1分	3分		
2	清洁家具	清洁木质家具	(1)打蜡前未清洁家具扣1分 (2)家具清洁不彻底扣1分 (3)干湿抹布使用错误扣1分	3分		
3	家具打蜡	(1)用抹布蘸取稀释后的家具蜡 (2)从左至右顺时针擦拭 (3)家具表面无灰尘、污迹	(1)将家具蜡直接喷洒在家具上扣1分 (2)擦拭方法不正确扣1分 (3)家具没擦亮扣1分 (4)家具有灰尘、污渍扣1分	4分		
		合计		10分		

评　　价：　　优秀 □　　良好 □　　基本掌握 □

自我评价：_____

小组评价：_____

教师评价：_____

任务拓展

私人管家

随着社会的进步和人们需求的提高，酒店业产生了一个新兴的职业岗位——私人管家。私人管家将为顾客带去全面的一对一的贴心服务，带给顾客家一样的温馨感受。私人管家可能比你的父母还了解你的日常起居生活习惯,更清楚你爱喝的茶叶、爱听的歌曲、房间的冷暖温度……每一位私人管家都兼具生活管家、接送司机、翻译员、城市向导、私人助理等角色。在客人入住之前,就要收集服务对象的资料,包括通过客服部或者客人的助理了解客人的喜好,通过细节发现客人的生活习惯等。

一位合格的私人管家,都必须经过专业培训上岗,对酒店的服务、饮食、入住以及城市旅游景区、休闲购物等环节和内容都十分熟悉。

项目小结

客房的清洁保养是客房部的重点工作之一。要完成好房间清扫工作,首先要做好客房的清洁卫生,以保持客房环境的清新整洁;其次要更换添补客房用品,为客人提供舒适、温馨的住宿氛围;最后要对家具进行维护保养,满足客人对客房产品质量的需求,延长客房设施设备的寿命,降低客房投入。

项目训练

一、知识训练

1. 简述清洁剂和清洁设备的使用方法。
2. 简述中式铺床的操作流程。
3. 简述走客房的清扫流程。

二、能力训练

一张写有电话号码的纸

王川在C城市的五星级酒店实习。这天,王川正负责打扫3726房间,客人不在房间。在收拾垃圾时,发现喝完的可乐瓶下面压着一张写满电话号码的纸,王川思考,这张写有电话号码的纸对客人肯定十分重要,于是将空的可乐瓶扔进垃圾桶后,将纸整齐地放在书桌上,并用空水杯压着。就在王川打扫完毕准备离开房间的时候,房间客人匆匆回房间,在书桌上翻找着什么东西。王川走过去,主动询问客人:"先生,请问有什么可以帮您的吗?""你好,请问你在收拾房间时看到一张写有电话号码的纸片吗?"客人一边比画一边询问,还在不停地四处寻找。"先生,您是要找这张纸片吗?"王川双手将纸片递给客人。"对的,我就是在找这张纸片,谢谢你。"客人说完便急匆匆地离开房间。

思考:

1. 在客房垃圾清扫过程中,应有哪些注意事项?
2. 如果客人已经退房,清扫客房时发现写有文字或号码等纸条,应该怎么处理?

项目四 对客服务

项目目标

了解对客服务的基本要求,掌握对客服务流程,提升服务意识和理念。

职业知识目标:
1. 掌握对客服务的楼面服务内容和特殊情况的处理。
2. 了解每项服务的程序和要求。

职业能力目标:
1. 训练各项服务的基本操作技能。
2. 培养学生运用所学知识解决实际问题的能力。

职业素养目标:
1. 培养学生正确认识服务的含义。
2. 正确看待对客服务工作。
3. 培养学生运用所学知识解决实际问题的意识。

 知识框架

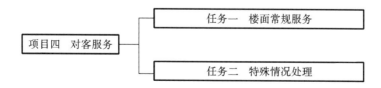

教学重点

1. 客人入住接待服务。
2. 引领客人入房的服务。
3. 客人洗衣服务。
4. 客人离店服务。

教学难点

会客服务　会议服务　小酒吧服务

项目导入

要的就是这种感觉

王小姐来到国际大酒店前厅接待处，接待员很礼貌地问候："您好，欢迎光临国际大酒店，请问您有预订吗？"王小姐说："我在五天前就预订了一个大床间。"接待员随即请王小姐出示证件，并熟练地查阅预订，立即为客人办好了入住相关手续，最后说："王小姐，您入住的是1501房，这是您的房卡，祝您入住愉快。"

在王小姐办理入住手续的同时，行李员礼貌地站在1米远的地方给她看护行李。当行李员将客人带出15楼电梯时，客房服务员早已等候在电梯旁，笑容可掬地躬身说："您好，欢迎光临国际大酒店，请出示您的房卡，这边请。"服务员来到1501房间门口敲门并通报"Housekeeping。"王小姐诧异地说："不是没人吗？""这是我们的服务规范。"客房服务员打开房门后，开始介绍客房设施和服务，行李员将王小姐的行李放在行李架上，同时发现王小姐将外套随意放在了沙发上，便上前将王小姐的外套挂进了壁橱。客房服务员和行李员询问道："王小姐，还有什么需要帮助的吗？"王小姐高兴地说："不用了，谢谢你们。""祝您入住愉快！"两名服务员礼貌地退出了1501号房间。当王小姐躺在柔软的床上，回忆整个入住过程时，她感到非常满意。

王小姐的酒店入住之旅才开始，要想让她将这份满意一直维持下去，客服务员们还需要做到哪些呢？下面我们就来一起学习下客房对客服务。

任务一　楼面常规服务

任务引入

北京王府井酒店针对每位客人建立了详细的客史档案。该店客史档案中有这么一条：斯密司先生，美国加州旧金山人。45岁，爱好整洁。经常住408房，一次，前厅部接到斯密司先生预订房间的传真，他将于下周二抵达北京。于是，客房部立即着手准备接待工作。这位美国客人每次来北京都住在王府井酒店，先后已有10次之多。客房部内几乎每个服务员都知道他对清洁卫生的苛求，所以接待他时特别小心，唯恐稍有不慎惹他生气。在斯密司先生到达前两天，楼层服务员开始忙碌起来。大家都知道，这位客人对白色有着独特的偏爱，房内布件必须清一色洁白。这两天里，408房不再接待别的客人，窗帘、毛巾、浴巾、睡衣……统统换成白的。沙发的面子不是白的。怎么办？酒店早已专门为他定制了纯白色的沙发套，此时房内变成了一个白色的世界。深色的地毯与周围一片白色形成了明显的反差。客房部为购买白色地毯曾走遍了北京城，竟没有找到一条。据说很难找到白地毯。一位服务员提议买块厚实的白布把地毯包起来，这个意见得到领导的认可。这样一来，斯密司先生深知王府井酒店极其尊重他的这一爱好，他发来预订传真就是希望酒店能早些按"老规矩"准备。即使如此，他一踏进408房还是立刻在屋角、床边、桌脚旁细细检查起来。斯密司先生容不得房里有一粒肉眼可辨的尘埃。也不许有一丝毛发。他在四周察看一番后才肯在沙发上坐下。客房部还为他的房间制定了特殊的打扫制度：每天增加数次扫除，而且必须当着他的面。经理把最细心、最负责的服务员分配到408房，沙发套、窗帘、桌布每天都得更换他的私人物品，绝不容许他人触摸或挪动位置，斯密司先生说："我在国外住过许多酒店，服务质量都不能与王府井酒店相比，没有专用沙发套，只是用一块白布布置一下而已，也没有专门服务员，只有常规的打扫。"

任务剖析

本例中斯密司先生在王府井酒店享受到的是一种典型的个性服务，或者叫超标准服务。

王府井酒店一方面严格要求员工执行服务标准,培养他们自觉遵循规范的良好习惯;另一方面又鼓励与指导员工灵活运用规范与标准。使日常操作升华为个性服务。一家酒店如果仅有标准服务,那无论如何是不可能跻身于世界一流酒店前列的。如果仅从经济效益分析,接待爱挑剔的客人所花费的成本,要远远高于一般客人。但王府井酒店十分注重社会效益,所以他们愿意不惜耗费人力、物力、财力,认真接待斯密司先生那样的客人。这就是王府井酒店多年来能够始终蜚声国内外酒店业的原因之一。同时,王府井酒店的同仁们也懂得,良好的社会效益会带来长期的经济效益。

一、入住接待服务

(一) 了解客情

(1) 客房服务中心接到住客通知单后,应详细了解客人到、离店的时间、人数、国籍和身份。

(2) 了解接待单位,客人生活标准要求和收费办法。

(3) 了解客人的风俗习惯、宗教信仰、健康状况、生活特点、活动日程安排等情况。做到情况明,任务清。

(二) 为宾客准备好各种消费品

(1) 根据客人的风俗习惯、生活特点和接待规格,调整家具设备。

(2) 为宾客铺好床,备好饮水设备、水杯、茶叶、水具及其他生活用品和卫生用品。

(3) 客房小冰箱内的饮料补充齐全。

(4) 如接待的是贵宾的客房,还应按照接待规格,准备相应的鲜花、水果、糕点以及总经理名片等。

(三) 检查房内设备和用品

(1) 客房布置好后应进行一次细致的检查。

(2) 房内的家具、电器、卫生设备如有破损,要及时报修和调换。

(3) 头天未住人的客房要试放面盆、浴缸输水管道中的冷热水,如发现水质浑浊须一直放,直到水清澈为止。

(4) 按照接待规格检查客房应配备的物品是否齐全,对那些客人宗教信仰方面忌讳的用品,要及时撤出来(如接待信仰伊斯兰教的客人时,客房内的猪皮制品、猪鬃衣刷等都必须收藏或调换成其他的代用品,绝不能疏忽,以免给客人带来不便)。

(5) 客人到达时要调好室温,如果是晚上则要开好夜床。

二、引客入房服务

(一)引客入房的服务标准

(1) 热情迎宾。

(2) 接到新客入住信息或电梯铃响时,应迅速站到相应的位置等候客人。

(3) 见到客人,笑脸相迎,主动问好。

(4) 如是新到的客人,应向客人微微鞠躬行礼以表示衷心的欢迎,并自我介绍,核实房号。

(5) 如是客人外出归来,应尽量以客人的姓氏称呼以示对其尊重。

(二)引领客人入房

(1) 接过客人的房间钥匙,征求客人意见是否为其提领行李。

(2) 在引领过程中,应在客人左前方约1米处引领客人,并在途中介绍酒店服务情况,回答客人的一些问题。

(3) 在引领的过程中,如遇到拐弯、上下楼梯,则应停下来向客人伸手示意。

(4) 在房门前,告诉客人这就是他的房间,放下行李,先敲门,用钥匙打开门,退到门边,请客人入内,然后服务员提行李进入。

(5) 进入房间,征求客人意见摆放行李。

(三)介绍房间设备

(1) 向客人简单介绍一下房间的设备,并告知客人如有需要可以用电话通知楼层服务台或客房服务中心。

(2) 特殊设备一定要介绍,一般设备可以不必介绍,介绍时要语言得体,简明扼要。

(3) 向客人道别并祝客人在酒店生活愉快。

(4) 退出房间时应注意面朝房间退三步再转身退出房间并轻轻将房门带上。

(四)端茶送水(一般要为国内VIP客人提供这项服务)

(1) 根据安排或客人的需要,准备好相应的茶具和茶叶,并记清房号。

(2) 在最短的时间内做好准备。

(3) 用托盘送茶到客人房间。

(4) 进门前,要敲门、通报,征得客人同意后方可进入。

(5) 客人开门,先说"谢谢",然后说"让您(们)久等了"。

(6) 将茶按先宾后主或女士优先的顺序放在客人方便拿取的地方,从托盘内拿出茶水时应先拿外面的,后拿靠里的,杯把放在右手,同时说:"请用茶。"

(7) 茶水全部放下后询问客人是否需要其他帮助。

(8) 礼貌地向客人告退,离开房间,轻轻将房门关上。

(9) 注意点:①无论端送的茶水有多少,都要用托盘送上,托盘使用方法要正确;②根据客人情况,确定是否在送茶时,同时奉送上毛巾,一般先递送毛巾,再放茶杯;③看到客人送客,或是客人电话要求,要及时进房收拾。

三、洗衣服务

(一) 洗衣服务方式

一般来说,宾客要求洗衣服务可以通过以下几种方式。

(1) 用客房内电话通知楼层服务台或客房服务中心。

(2) 将衣物直接交给客房服务员。

(3) 将要洗的衣服和填写好的洗衣单一起放入洗衣袋,并挂在门锁上面。

(4) 把要洗的衣服放进洗衣袋或者显眼处,并留下字条,让服务员代填洗衣单。

(二) 洗衣服务标准

1. 收取客衣

(1) 房间内部都配有洗衣袋和洗衣单,服务员进门后检查时,要留意房间内有无客人要洗送的衣物袋,发现有需要送洗的衣物,要及时收取。

(2) 如果发现客房内有需要送洗的衣物,但是客人没有填写洗衣单,则不要收洗。应将洗衣单放在洗衣袋上面,并留下服务通知单,提醒客人如果需要洗衣服务,请与房务中心联系。

(3) 如果客人口头交代或者房务服务中心通知需要收洗衣物时,可以收取需要送洗的衣物。

2. 检查登记

(1) 仔细检查客人需要送洗的衣物,点清衣物数量是否与客人所填写洗衣单上的数目相符合,检查衣物有无破损、特殊污迹等,以免引起麻烦。如有偏差,要当面向客人说明后进行纠正。看衣服质地是否会褪色、缩水,若客人要求湿洗,则应向客人当面说明,出了问题与酒店无关。

(2) 核对洗衣单上所填写的客人姓名、房间号码、衣服数量及日期等,并做好登记。

(3) 将收取的衣物集中放在指定的地点,在规定的时间内交给洗衣房。

(4) 对于需要快洗或者有特殊洗涤要求的衣物,要在洗衣单上做好标记,同时向洗衣房交代清楚。

3. 送还衣物

(1) 在洗衣房送还衣物的时候,服务员要仔细核对衣服,点清件数。

(2) 按房号将衣物送回客房。

(3) 将衣物送进客房时,要按照进房程序进房。

(4) 请客人查收衣物,同时在存根联上注明送衣日期和时间,签上姓名。

(三) 洗衣服务注意事项

(1) 收取客衣时要点清衣物数量是否与客人所填写的相吻合,如有偏差,当面向客人说明后纠正。

(2) 检查衣物有无破损、特殊污迹等,以免引起麻烦。

(3) 洗衣分为快洗和慢洗,费用相差50%,向客人说明,以免结账时出现争执。

(4) 四、五星级的酒店还应向客人提供客衣的修补服务。

(5) 鉴于很多客人待洗衣物的价值远远超过洗涤费的10倍,如果衣服损坏或丢失,按洗涤费的10倍进行赔偿远不能补偿客人的损失,酒店可考虑推出"保价洗涤收费方式",即按照客人对其所送衣物保价额的一定比例收取洗涤费。

四、会客服务

(一) 会客服务的标准

(1) 会客服务主要是为客人做好会客前的准备工作,问清来访客人人数(以便加椅)、时间,要不要准备饮料、鲜花,有无其他特别服务要求等。在会议前约半小时做好所有的工作。

(2) 协助客人将来访客引到客人房间(事先应通知客人)。

(3) 送水或送饮料服务。

(4) 做好访客进出时间的记录,如已超过访问时间(一般23:30后),访客还未离开,根据酒店规定,可以先用电话联络,提醒宾客的会客时间,以免发生不安全事故。对没有住店宾客送别的访客要特别留意。

(5) 访客离开后及时撤出加椅、茶具等,收拾好房间。

(6) 做好会客登记。表4-1所示为楼层访客登记单。

表 4-1　楼层访客登记单

来访者姓名		性　　别		工作单位	
联系电话			地　　址		
身份证号码及其他有效证件		访何人		房　号	
公司名称		是否预约		来访人数	
事　　由				年　月　日	
来访时间			离开时间		
服务员姓名			备注		

（二）会客服务的注意事项

（1）递送茶一定要使用托盘，不可直接用手端着杯子。一定要掌握使用托盘的正确方法，防止泼洒，尤其在客人面前要十分小心。

（2）根据客人的要求和具体情况，确定是否在递送茶时，递送上热毛巾。热毛巾可和茶杯放在同一托盘内，先递送毛巾，再放茶杯。毛巾要用镊子夹住递送给客人，毛巾温度约 60 ℃。

（3）如果要求来访客人登记而遭到拒绝时，应该及时上报领导。

（4）看到客人送客，或是接到客人电话要求后及时进房收拾。

五、会议服务

（一）会议服务的服务标准

（1）会议客人到达时，应打招呼问好，为客人开门，礼让入场。

（2）客人就座后，按次序为客人泡茶并说"请"。泡茶时将杯盖反扣在桌上，杯把向右，盖上杯盖。是否送小方巾则视会议组织者要求、会议档次或到会人数而定。

（3）会议中间定期更茶续水或补充饮料，更换烟灰缸。

（4）若会议组织方要求上点心或水果时，应将点心或去皮后切成块的水果放在小盘中，放上牙签，每人一盘，以便食用。

表 4-2 所示为客房部会议室巡检表。

表 4-2 客房部会议室巡检表

年　　月　　日

巡检项目	巡查内容	整改措施	备注
一、门	1. 门锁开启关闭是否灵活 2. 门活页是否正常，有无异响 3. 门上的油漆有无脱色或损坏 4. 门牌有无破损，是否稳固		
二、货柜	1. 货柜门开启、关闭是否正常，活页有无损坏或松动 2. 货柜门有无破损		
三、窗帘	窗帘收拉是否灵活，有无脱落损坏		
四、窗户	1. 玻璃窗推拉、开启是否正常 2. 玻璃有无破损、裂缝 3. 铝合金有无变形、损坏		

续表

巡检项目	巡查内容	整改措施	备注
五、墙壁	有无漏水、发霉、脱落、起泡		
六、音响	1. 碟机功放有无损坏、破损 2. 音响有无杂音或不响 3. 音响线有无破损,话筒是否正常,清楚清晰		
七、地板	1. 有无破损、翻翘、裂缝 2. 边角有无破损、脱落		
八、铜牌	铜牌是否稳固,有无变形		
九、投影	1. 投影仪是否正常,有无异响及损坏 2. 线路有无破损 3. 投影剧院机架是否稳固,有无破损 4. 投影屏幕是否收拉顺畅,是否稳固		
十、空调	1. 开启、关闭是否正常,有无异响 2. 空调制冷效果是否良好		
十一、桌椅	1. 桌椅是否完好、稳固 2. 表面有无脱落或裂缝 3. 表皮有无起泡、有无掉漆		
十二、会议室天花板	1. 灯泡是否有损坏 2. 顶部有无损坏、发霉、脱落 3. 烟感是否完好、稳固或损坏		
十三、应急灯	1. 应急灯断电后是否正常 2. 有无损坏,是否挂牢		
十四、地毯	1. 有无烟洞和污迹 2. 地毯边角有无损坏、破损或反翘、起线		

注:整体卫生、符合标准、要求、物品摆放有序。

巡查时间:　　　　　　巡检人:　　　　　　工程接收人:

(二)会议服务的注意事项

(1)会议室有会议时,楼层应保持安静,无关人员应回避。

(2)服务人员应配合保安人员做好安全服务。

(3)会议过程中的更茶续水不宜过于频繁,动作要轻。

六、小酒吧服务

(一) 小酒吧服务的标准

(1) 酒店应对每个客房的小酒吧及冰箱内的食品、饮料设计一份清单,清单内容包括食品和饮料的种类、数量和价格。

(2) 客房服务员每天需要检查客房内小酒吧的消耗情况。如果客房内有消耗,应该核对客人是否填写清单,如果客人没有填写,应帮助客人填写;如果客人填写有出入,应向客人说明,澄清并进行更正。(逐一检查,看酒水封口处,凡破损均为已消费;客人食用后放回原位,或从外面买来不同牌子补回的,一样入账。)

(3) 散客结账时由客房服务中心联络员通知楼层服务员,楼层服务员立即进房核查小酒吧,并在房内拨打电话,将该房宾客消费的饮料品种及数量通知前台收银处。

(4) 对于团队客人,服务员应根据客人进店离店通知单,在团队客人离店前半小时,将该团队所有客房内的小酒吧核查一遍,开好饮料账单,由领班送前台收银处。

(5) 经常检查空房内的小酒吧,看有无过期、变质的酒水和食品。

(6) 检查完小酒吧的饮料和食品情况,如有消耗,应该及时进行补充。在补充时,要注意检查饮料和食品的有效期。

(7) 每日全部楼层的饮料消耗账单,与早、晚班领班填写的饮料消耗表核对并按楼层分类,逐一订好。若回单与消费单相符,则将此数据登记在饮料消费总账簿上;若有疑问则另做记录,交由秘书核对,由楼层主管负责查清原委。

表 4-3 所示为客房小酒吧清单。

表 4-3 客房小酒吧清单

在您离店之前,请在此注明您在客房小酒吧用过所有饮品并将此单送到前台收款处,谢谢!

Upon checking out, Please indicate on this form all of the MINI BAR products you have consumed and it to the Front Office Cashier, Thank you!

存量 Stock	品类 Items	消费 Consumed	单价(RMB) Unit Price	金额(RMB) Amount
2	啤酒　　Beers		15	
2	矿泉水　Mineral Water		10	
2	可乐　　Cola		10	
2	橙汁汽水　Orange Soda		10	
2	柠檬汽水　Lemon Soda		10	
2	苏打水　Soda Water		10	

续表

存量 Stock	品类 Items		消费 Consumed	单价(RMB) Unit Price	金额(RMB) Amount
2	速食面	Noodle		10	
2	开心果	Pldtachlos		20	
		总数 Total			

客房号码　　　　　　　　　客人姓名(请用正楷)签名：
Room No.　　　　　　　　　Guest Name(Please Print)Signature

日期：　　　　　　　　　　时间：
Date　　　　　　　　　　　Time
服务员：　　　　　　　　　收银：

注：一式三联，一联部门，一联收银，一联财务。

(二) 小酒吧服务的注意事项

(1) 服务员每天去前台收银处抄录小酒吧饮料跑账的房号、品种、数量，交由楼层主管调查，尽量将跑账率降至 3% 以下。

(2) 每月月底由服务员对房内小酒店，领班对楼层饮料柜内的饮料和食品进行检查，如有接近保质期的，立即与仓库调换。(保质期在 12 个月及以上的，提前 3 个月撤出，保质期在 6 个月内的，提前 2 个月撤出。)

(3) 当客人否认用了小酒吧的饮料时，如果客人是潜在的回头客，可以免赔，但是，要明确告诉客人酒店的规定和免赔的原因。同时将处理的经过记录在工作日记中备查。

七、离店服务

(一) 客人离店前的准备工作

(1) 掌握客人准确的离店时间，以及将要乘坐的交通工具，在得知客人离店日期后要记住客人的房间号码。

(2) 检查代办事项。看是否还有未完成的工作，要注意检查账单，例如，洗衣单、饮料单、长途电话费用等，必须在客人离店前送到前台收银处，保证收款及时。

(3) 询问客人离店前还需要办理哪些事情,如是否需要用餐、叫醒服务、帮助整理行李等,如果需要的话,应问清具体的时间和方式,通知有关部门做好相关的工作。

(4) 征求即将离店客人的意见,并提醒客人检查自己的行李物品,不要遗留物品在房间。

(二)送别客人

(1) 协助行李员搬运客人的行李。

(2) 主动、热情地将客人送到电梯口,代为按下电梯按钮。当电梯到达楼面时,用手挡住电梯门,请客人进入电梯。

(3) 以敬语向客人告别,感谢宾客的光临。

(4) 对老、弱、病、残客人,要有专人护送,以体现酒店对宾客的细致照料。

(三)善后工作

(1) 迅速进房仔细检查。如有遗留物品,立即派人追送,来不及送还的,交客房中心登记处理。同时还要检查客房设备和用品有无损坏和丢失。如发现损坏和丢失现象,应及时报告主管。

(2) 迅速处理客人遗留事项。

(3) 迅速整理、清洁客房。

(4) 填写房务报告表。

任务实施

活动目的

让学生掌握楼面常规服务流程。

活动要求

每个同学都参与进来,让学习目的更明确,学习内容更清晰。

活动步骤

1. 分组:将学生按学号分组或自动分组。
2. 设计:每个小组选择一项服务内容,设计一个场景,以情景再现的方式表现出来。
3. 展示:各组场景表演完后,对各项服务做出总结。

活动评价

活动评价见表 4-4。

表 4-4　楼面常规服务流程考核表

组别_____　姓名_____　时间_____

项目	分值	扣分	得分
服务流程完整	4		
服务礼仪到位、得体	1		
掌握服务规范	2		
语言表达清晰、自然	1		
服务效果良好	2		
总分	10		

学生自查：

小组考核：

教师考核：

任务二　特殊情况处理

任务引入

巨额财产被盗之后

2008年5月，林某等4名旅游者向旅游行政管理部门投诉。诉称2007年7月11日，在北京市某星级酒店住宿，第二天早晨，发现其置于房内的一个女用黑色挎包不见了。该挎包内装有现金、信用卡、身份证、首饰等物件，价值共计13万元。林某等认为，他们花钱住酒店，酒店应有义务保护他们的财物。现在其财物丢失，酒店应全额予以赔偿。旅游行政管理部门接此投诉后，立即与该酒店了解核实情况。据该酒店称，酒店得知客人财物丢失后，迅速向公安机关报案，公安机关也当即派出警员赴酒店客人住宿房间内进行现场勘察，并察看了酒店楼道、电梯的闭路摄像，发现该日凌晨两点，有两名男子乘电梯下楼，其中一名男子背的挎包正是林某等人丢失的女用黑包。经查，该两名男子系住店客人，由于林某等人晚间未关房门，致使两名男子潜入房内窃走挎包。该两名男子已于当日上午结账离店。公安机关由此确认这是一起盗窃案件，已经立案侦查。

任务剖析

1. 林某等客人要求酒店予以全额赔偿是不合理的。因为根据我国民法规定,承担侵权民事责任必须具备四个条件:一是行为的违法性;二是要有损害的事实;三是行为和损害之间要有因果关系;四是行为人主观上要有过错。从本案的实际情况来看,酒店并不具备这四个条件,如上述案情可见,已确定客人挎包系两名男子所盗,即侵害人不是酒店,而是那两名男子。在这种情况下,要求酒店承担赔偿损失显然是不合理的。所以客人林某等人的损失只能由那两名男子来承担。

2. 如上述案情所示,此案已由公安机关确认为盗窃案,并已立案侦查。那么,此案的最终赔偿只能待公安机关侦破,查清全部事实后才能确定。作为酒店方,应当向林某等人说明情况,予以安慰。

一、客人物品丢失

(1) 安慰并帮助客人回忆物品可能丢失在什么地方,请客人提供线索,分析是否确定丢失。

①经过分析,让客人情绪稳定,并帮助客人寻找。

②如果客人报告贵重物品丢失并涉及某服务员,在没有弄清事实前,不可盲目下结论。

(2) 在查找过程中,请客人耐心等待或让客人在现场一起寻找。查找工作一般由保安人员及管理人员负责。

①如果在客人自己的客房内进行搜索时,客人愿意目睹整个寻找过程,则让客人在现场一起寻找。

②客人即将离店,但客房还未清扫,应建议客人留在现场目睹整个寻找过程。

③客人原住房已为新客租用,只能由保安人员或管理人员对床底和窗帘后面部分进行搜索,可请客人耐心等候。

④已经整理完毕的客房,由保安人员或管理人员进行搜查,可请客人耐心等候。

(3) 查无结果或原因不明,应给客人说明或答复。经多方查找仍无结果,或原因不明,没有确切事实认定是在客房内或被盗窃的,酒店不负赔偿责任,但应向客人表示同情并耐心解释,并请客人留下地址和电话,以便今后联系。

(4) 记录备案。将整个情况详细记录,以备核查。

二、客人遗留物品

客人遗留物品处理的服务标准如下。

（1）判断是客人扔掉的物品还是遗留物品。下列物品一般为遗留物品。

①遗留在抽屉里或衣柜内的物品，如衣服、围巾等。

②具有价值的信函和信件，如电传、收据、日记，记有电话号码的纸片等。

③所有有价值的东西，如纸币、珠宝、信用卡等。

④身份证、驾驶证等有关证件。

⑤器材或仪器零件等。

（2）若在客房内发现客人遗留的贵重物品，服务员应立即打电话通知客房中心；若是散客，中心值班员立即与前台联系，设法找到客人；若是团队客人，则与团队联络员联系；若仍找不到失主，要立即报告大堂副理处理，服务员应立即把物品送到客房中心。

（3）房内遗留的一般物品由服务员立即在工作单上"遗留物品"一栏内登记。下班前，在"遗留物品"栏上清楚地填上此物品的房号、名称、数量、质地、颜色、形状、成色，拾物日期及自己的姓名。一般物品要与食品、钱币分开填写。

（4）早、晚班服务员收集的遗留物品交到客房中心，均由晚班的中心值班员负责登记。

（5）钱币及贵重物品经中心值班员登记后，交由主管进行再登记，然后交秘书保管。

（6）一般物品整理好后与遗留物品单一起装入遗留物品袋，将袋口封好，在袋的两面写上当日日期，存入遗留物品室内的格挡中，并贴上写有当日日期的标签。

（7）遗留物品室每周由专人整理一次。

（8）如有失主认领遗留物品，需要验明其证件，且由领取人在遗留物品登记本上写明工作单位并签名；领取贵重物品需要留有领取人身份证件的复印件，并通知大堂副理现场监督、签字，以备核查。

（9）若客人打电话来寻找遗留物品，需要问清情况并积极查询。若拾物与客人所述相符，则要问清客人来领取的时间。若客人不立即来取，则应把物品转放入"待取柜"中，并在中心记录本上逐日交班，直到取走为止。

国外有些酒店主张，除非客人前来认领或来信、来电寻找遗留物品，一般不通知物主或邮寄物品。其理由有二：一是客人不前来认领的物品一般视为扔掉的物品，二是为了更好地为客人住店情况保密。

（10）如有客人的遗留物品经多方寻找仍无下落，立即向经理汇报。

（11）按照国际惯例，客人遗留物品保存期一般为一年，特别贵重物品可延长半年；一般物品3个月；食品为3天。若客人遗留物品保持到酒店规定的期限无人认领，酒店按有关规定自行处理。

（12）发现客房或公共区域场所有易燃易爆及枪支弹药等危险物品时，必须立即报告保安部和客房部管理人员处理。

表4-5所示为客人遗留物品登记表。

表 4-5　客人遗留物品登记表

房号		姓名		上交时间		发现时间	
遗留物名称				发现地点			
备注：							
经办人				交物人			
客人领取签名				领取时间			

注：一式三联，一联客人保留，一联楼层保存，一联存根。

三、客人醉酒

客人醉酒的处理标准如下。

(1) 在楼层走廊发现醉酒客人，应立即通知保安部工作人员。

(2) 如果是住店客人，查看其房卡后，与保安一起搀扶客人回房休息，注意避免单独搀扶客人进房，更不可为其宽衣解带。

(3) 安顿好客人，劝其安静入眠。将房内火柴收出，并将垃圾桶置于床头，询问客人有无需要帮助的地方，并通知客房部注意此顾客。

(4) 如果客人醉酒后在房内吵闹，影响其他客人休息，应通知大堂副理会同保安人员来婉转规劝。

(5) 客房醉酒的客人如果再叫酒，应婉转拒绝。

(6) 醉酒的客人如有服务要求，应避免独自前往服务。

(7) 如房内客人因醉酒无法自制，应设法请其迁出，情况严重时请上级裁决是否报警。

(8) 将醉酒闹事的房客姓名输入电脑黑名单，以作为日后订房的参考。

(9) 如醉酒的不是住店客人，应尽量想办法使其离开酒店范围。

四、客人投诉

(一) 常见的投诉事项

(1) 整理客人的房间太迟。

(2) 房间不够整洁。

(3) 住客受到打扰。

(4) 房间设施设备无法使用。

(5) 房间用品不足。

(6) 客人遗失物无法领回。

(7) 客房服务员不礼貌。

（二）处理客人投诉的服务标准

(1) 做好接待客人投诉的准备。
①要确立"客人总是对的,顾客是上帝"的信念。
②站在客人的立场考虑。
③遵循一个原则:即使客人有错,也要当他是对的。
(2) 认真听取客人的叙述。
(3) 记录要点:记录客人投诉的内容、客人姓名、房号等。
(4) 对客人表示同情和理解。
(5) 把准备采取的措施告诉客人,征求客人的意见。
①迅速拟定一个解决的办法,并向客人提出。
②征询客人的意见,尽可能了解客人的心理活动。
③对客人提出的意见在权限范围内不能解决的应向客人说明,并请示上级领导处理。
(6) 向客人说明解决问题所需的时间。
(7) 对于客人的投诉应立即着手调查处理。
(8) 跟踪处理过程。
(9) 向客人反馈处理结果,问询客人对投诉处理结果的意见。

五、客人身体不适

（一）生病客人处理的服务标准

(1) 服务员应该坚持每天对所有的客房进行检查。如发现有房间挂"请勿打扰"的牌子,应在下午2:30后打电话进房间。如果无人接听电话,服务员可进入房间检查。当服务员发现有客人生病时,应及时报告领班,并做好记录。
(2) 发现客人生病后,一定要对客人表示关心和照顾,同时建议客人去看医生。如果客人病情严重,应该报告值班经理,把客人及时送至医院。
(3) 对于生病卧床的客人应该倍加照顾,根据客人的要求提供热水、纸巾等物品,如果客人需要,还应该提供照看服务。
(4) 如果客人需要,应该帮助客人与亲友取得联系。
(5) 对于生病的客人,客房部经理应该亲自慰问,并送水果或鲜花祝客人早日康复。
(6) 对于患有传染病或皮肤病的客人,服务员应该严格按照要求对客人的物品进行消毒,防止传染。在客人离店后,应该对客房进行彻底消毒。
(7) 如果客人突发伤病,应该由能够胜任的服务员协助专业的医护人员对伤病客人进行急救。
(8) 做好相关的病客记录,并做好交接班工作。

（二）生病客人服务的注意事项

（1）一般情况下，服务员只需要做好必要的照顾，不可长时间留在客房内，以免影响客人休息。如果客人有什么需要，可以通过电话联络客房中心。

（2）如果病人病情危重，应及时与医院或急救站联系，组织抢救，救护车未到前可由住店医生给予必要的救治处理，同时要立即逐级上报。若病人处于清醒状态，则需征求客人的同意。

（3）未经专门训练和获得相应考试资格的服务员，若发现客人休克或有其他危险迹象时，应及时通知大堂副理或值班经理采取必要的措施，不得随意搬动客人，以免发生意外。

（4）若有客人要求服务员代买药品，服务员首先应婉言向客人说明不能代买药品，并推荐酒店内医务室，劝客人前去就诊。若客人不想看病，坚持让服务员代买药品，服务员应及时通知大堂副理，并由其通知驻店医生到客人房间，进而由医生决定是否从医务室为客人取药。

（5）若发现客人患有传染病时，应请酒店医务室医生为其诊治，然后将客人转到医院治疗，客人住过的客房应进行彻底的清理消毒后再出租。

六、托婴服务

（一）托婴服务的标准

（1）客人需要提供托婴服务时，需要提前3个小时与房务中心联系，并填写一份托婴服务申请表。

（2）在客人填写托婴服务申请时，服务员应该问清照看的时间、小孩的年龄、生活习惯和特殊要求等，要特别注意客人在申请表上的有关要求。

（3）填写托婴服务单，并根据婴儿的特点安排适当的看护人员。

（4）在看护的过程中，不要离开小孩，不要随便给小孩吃东西，不要让小孩碰触危险的东西等。

（5）如果客人需要外出，请客人留下联系电话，以便出现特殊情况时进行联系。

（6）完成托婴服务后，将孩子安全地交还给客人，并请客人签单确认，从总服务台入账。

表4-6所示为婴儿看护申请单。

（二）托婴服务的注意事项

（1）照看者必须有责任心、可靠，且有一定的保育知识。通常由客房服务员承担此项工作。

（2）照看小孩时，必须按照客人的要求照看，事先了解小孩的特点和家长的要求，不随意给小孩食物吃，确保小孩的安全。一般不能将小孩带出客房或酒店。

表 4-6　婴儿看护申请单
BABY SITTER BEQUEST

顾客姓名 Guess's name：　　　　　　　房号 Room No：　　　　　　　日期 Date：

婴儿年龄 Baby age：

尊敬的宾客：

应您的要求，我们安排了保姆服务，具体事项如下：_____日至_____日

姓名：

时间：由　　时　　分至　　时　　分

Dear Guest：

As requested by you, we have arranged for BABY-SITTING from _____ to _____.

请您在所需的项目上打"√"

Tick(√)the appropriate

早餐 Breakfast	yes No	是 否	☐ ☐
午餐 Lunch	yes No	是 否	☐ ☐
晚餐 Dinner	yes No	是 否	☐ ☐

　　托婴服务的最初两小时，按_____收费。所有费用都在前台收银处直接结算，酒店将不承担因看护疏忽造成的事故而引起的任何赔偿。

　　Kindly note that there is a minimum charge of _____ for the first 2 hours of baby sitting. All payment should the hotel be liable to compensate the guest for any accident negligence caused by the babysitter no purpose.

　　申请人愿意接受以上全部条款。

　　I fully accept the above terms and conditions.

　　　　　　　　　　经事签名：　　　　　　　顾客签名：
　　　　　　　　　　Signature：　　　　　　　Signature：

　　　　　　　　　　HOUSEKEEPER　　　　　　GUEST

注：一式三联，客人一联，前台收银一联，客房部留存一联。

任务实施

🎯 活动目的

让学生掌握楼面特殊情况处理流程。

📨 活动要求

每个同学都参与进来,让学习目的更明确,学习内容更清晰。

✏️ 活动步骤

1. 分组:将学生按学号分组或自动分组。
2. 设计:每个小组选择一项服务内容,设计一个场景,以情景再现的方式表现。
3. 展示:各组场景表演完后,对各项服务做出总结。

💡 活动评价

活动评价如表 4-7 所示。

表 4-7 楼面特殊情况处理考核表

组别_____ 姓名_____ 时间_____

项目	分值	扣分	得分
服务流程完整	4		
服务礼仪到位、得体	1		
掌握服务规范	2		
语言表达清晰、自然	1		
服务效果良好	2		
总分	10		

教师考核

小组考核

学生自查

📋 项目小结

本章知识主要讲的是客房服务的对客服务,包括楼面常规服务和特殊情况的处理。

项目训练

一、知识训练

1. 怎样理解服务的定义和理念？
2. 客房服务员应具备哪些素质？
3. 楼面常规对客服务的具体项目有哪些？试举一至两个对客服务项目的具体操作服务过程。
4. 客人的突然疾病应如何处理？
5. 客人物品丢失应如何处理？

二、能力训练

傍晚6:30，某酒店客房服务中心服务员小高正在8楼客房区域逐个房间进行夜床服务。她按进房程序进入VIP杨先生的810房间，当她准备为客人更换热水时，却发现暖水瓶的盖子放在了茶几上，壶盖开着不卫生，是客人匆忙忘了盖盖子，还是客人喜欢喝冷水？一时间难以有定论。于是小高灵机一动，为何不给客人重新准备两壶水：一壶热的，一壶冷的。无论哪种可能，客人都满意。

住客杨先生在餐厅用完晚餐后回到房间，发现房间的茶几下多了一个热水瓶，"酒店的房间里一般都只有一瓶开水，怎么多了一瓶？"疑惑之际，他打开了一只暖水瓶的瓶盖，没有一丝热气，于是他又打开了另一瓶，热气腾腾。杨先生顿时明白了，不由得从心底掠过丝丝暖意，并叹服服务员的细心、灵活，也对酒店的满意度又增加了。

试分析：

1. 这个案例中的服务员为VIP杨先生提供了什么服务？
2. 本案例体现了怎样的服务理念？
3. 作为一名优秀的服务人员应该如何去培养这种理念？

"青蛙王子"陪伴莎拉波娃

据《重庆时报》报道，网球选手莎拉波娃曾在北京香格里拉酒店入住，在酒店公关部刘经理的带领下，相关工作人员有幸走进了莎拉波娃的房间。

到了17楼，走进莎拉波娃别致的房间，就能看到木纹墙纸、黄色格子的地毯、淡黄色的灯光，充满了俄罗斯风情。这是一个每日房价为370美元的套房，大约有70平方米，有两个卧室，两个卫生间，另外一个房间是给她爸爸准备的。在客厅的书桌上，放了几页从网上下载的俄语新闻复印件与英文版的中国网球公开赛资料，有专门的工作人员负责在网上下载最新的俄语新闻，以便莎拉波娃阅读。在角落的桌子上还有一台打印机。莎拉波娃喜欢看书，因此在客厅和卧室还为她准备了小说。在电视柜的抽屉里，俄罗斯风情片、故事片、流行CD应有尽有。

莎拉波娃的卧室有一扇大大的落地窗，采光很好，在窗口两侧挂着象征吉利的玉如意。床上放着六个青蛙一样的洋娃娃，刘经理解释道："莎拉波娃还是孩子嘛，让青蛙王子天天陪着她,不会觉得孤单。"莎拉波娃使用的白色浴巾也有所不同,上面绣着 Sharapova(莎拉波娃)的字样。

莎拉波娃爱吃甜食已经不是秘密了,酒店也想到了这一点,房间里到处都有甜品放置,床上放的是特制的俄罗斯巧克力,而在大厅的茶几上则干脆放了一个甜品架,上面摆放着多种食物,有蛋挞、果冻、比萨等。

每天早餐西式麦片是莎拉波娃必不可少的,她在吃的方面最讲究的是晚餐,面条也是必不可少的,无论是意面、日本面,还是中式面条,莎拉波娃一般能吃上一两碗。莎拉波娃有一年参加中国网球公开赛时就只吃酒店厨师沈鸿宇给她做的面条,以至于沈师傅开玩笑地说:"我都把她惯坏了。"

请结合所学知识,分析:

1. 香格里拉酒店是怎样精心地布置莎拉波娃的房间的?
2. 香格里拉酒店是怎样为莎拉波娃提供个性化服务的?
3. 请你为莎拉波娃建立一份客史档案。

项目五
客房安全

项目目标

理解客房预防安全的各种措施及客房消防的基本知识。掌握客房消防设备,理解酒店安全工作的重要性。理解客房部安全工作的内容。熟悉预防突发事件的方法,具备处理突发事件的能力。

职业知识目标:
1. 理解酒店安全工作的重要性。
2. 理解客房部安全工作的内容。

职业能力目标:
1. 理解客房部预防安全的各类措施。
2. 掌握客房消防的安全知识。
3. 熟练掌握客房消防设施设备的使用方法。
4. 掌握预防突发事件的方法。

职业素养目标:
通过学习,让学生具有处理意外突发事件的能力,树立良好安全意识。

知识框架

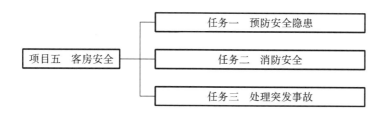

教学重点

1. 认识并能熟练掌握客房各类安全设备设施。
2. 熟练掌握客房消防设备的使用方法。
3. 能正确处理常见的突发事件。

教学难点

安全事故　预防　处理

项目导入

1. 花都区某酒店的彭先生在房间电脑上准备会议资料，结果 U 盘、手机连续失灵。意识到电脑有问题，彭先生便叫来了酒店工作人员。酒店工作人员用 U 盘测试，也出现了同样的问题。经过技术人员检测，证实问题在于电脑存在病毒，攻击了从 USB 口接入的芯片，导致 U 盘和高档手机损坏。

2. 王女士于 12 月 21 日入住某酒店。凌晨 1 时许，王女士洗浴完毕走出卫生间门口时，穿上了酒店提供的一次性拖鞋。因脚底湿滑，防滑垫也只设置在局部区域，面朝地摔倒，导致右上眼睑严重创伤，伤口长度达 1.5 cm，缝合 10 余针。

3. 两名男子伙同行窃。他们先对目标酒店进行踩点，得知客房内有品质较好的电脑才会入住。他们准备了空行李箱，一般在半夜时入住，进入房间后，将电脑装入行李箱中，然后大摇大摆带出酒店。据了解，一个多月以来，两人已作案 10 余起。

以上案例给我们带来哪些警示？

任务一 预防安全隐患

任务引入

一天,在某酒店的客房中发生了一件令人不愉快的事:客人本想要放水在浴缸内洗澡,后来嫌浴缸不干净,洗盆又太麻烦,于是改用淋浴器冲洗身体。当客人把水温调好,由于浴室内温度低,便马上冲洗起来,淋浴开始片刻,水温突然自行热了起来,将客人的皮肤烫破了一块。

他非常恼火,匆匆穿上衣服把客房楼层管理员喊来,提出申诉说:"你们是怎么搞的?淋浴器根本不能用,你们对淋浴设备保养差,如果没有毛病故障,那绝不会中断冷水流出开水把我烫伤了!"

任务剖析

客人在入住期间发生了安全事故,该谁来负责任?这将对酒店声誉有何影响?

一、安全工作的重要性

酒店的安全工作是非生产性的,但酒店安全工作的好坏,不仅直接关系到酒店的正常经营,也直接关系到酒店的经济效益,决不能等闲视之。

(一)安全工作的好坏直接关系到客人的满意程度

如果一家酒店的客人住了几天以后,对服务和设施赞不绝口,但就在他要离开的那一天,一只装有现金的小包被盗,这位客人对酒店原有的好印象将一扫而光,留下的只是遗憾和不满。如果一家酒店的安全措施和制度残缺不全或形同虚设、监督不力,酒店的治安秩序就会混乱,偷窃案件也会屡屡发生,火灾及受伤事件可能连续不断,那么客人的生命和财产没有保障,这样的酒店会给客人满意的感受吗?显然是不可能的。

(二)安全工作的好坏,直接关系到酒店的经济效益

酒店安全工作所造成的损失,不仅表现为直接的经济损失,如发生火灾、洗涤事故的财

产损失、赔偿费的额外支出等,还会造成声誉的损失,即酒店形象的破坏。国外许多客人和旅行社都把安全系数高低作为选择酒店的主要因素,有些旅行社甚至还要专门派人考察酒店的安全系统。

(三)安全工作的好坏,直接关系到员工的工作积极性

一家酒店各种防范和保护措施不力,工伤事故不断,卫生状况不佳,就很难使员工积极而有效地工作。安全事故不仅给当事人带来了痛苦和灾难,还会导致员工士气低落,企业形象受损,损失是难以估量的。

二、客房安全管理的任务

酒店安全是指酒店、住店客人、本店员工的人身和财产等权益在酒店所控制的范围内,没有危险,也没有其他因素导致危险的发生,从而使客人得到心理上的愉悦。

(一)客房安全管理的主要内容

1. 保证客人的人身安全

客房部应该加强设备设施、员工操作等各方面的管理,确保客房客人的人身不受任何伤害。典型案件包括浴室滑倒受伤甚至死亡、玻璃爆炸受伤等。

2. 保证客人的财物安全

客房部应采取各种措施,保证客人的财物没有任何损失。住客常见的财物损失包括:洗澡滑倒摔碎玉镯,行李、现金、电脑遭窃损,酒店电脑病毒导致旅客手机损坏,客人衣物遭洗坏等。

3. 保证客人的心理安全

客房部应有安全、卫生、方便、舒适的客房环境,使住店客人在消费过程中产生心理上的放心、从容及愉悦的感受。在此方面常见的投诉有:客房失火惊吓,电梯故障惊吓,住客被服务员或外来人员打扰,床上、卫生间发现毛发,客人在房内时房门突然被服务员打开,叫醒误点等。

(二)保证员工安全

1. 保证员工人身安全

通过加强培训、现场督导、设备维护、防护措施等方法保证员工不出工伤事故。常见的工伤事故包括清洁设备故障导致电击、割伤,清洁剂使用不当的伤害,清洁过程中的摔倒,家具尖刺刺伤,与住店客人发生冲突伤害等。

2. 保证员工财产安全

例如更衣室、工作间的管理不当,致使员工财物遗失或损坏。

3. 保证员工心理安全

例如对客服务中与不同类型客人的交往,避免客人的诱导和伤害。通过加强培训、现场督导、设备维护、防护措施等方法保证员工不出工伤事故。

(三)保证酒店安全

(1)保证酒店财产安全,尤其是防火、防盗,防止设备用品被破坏。
(2)保证经营秩序正常,防止敲诈、打闹,防止流氓、精神不正常者进入客房区域。
(3)尽量减少影响酒店形象的负面事件的发生。

三、安全管理的着手点

安全管理的目的,就是要消除不安全因素,消除事故的隐患,保障客人、员工、酒店各种权益。不安全因素主要来自主观、客观两个方面,主观上是思想上的麻痹,违反安全操作规程及管理混乱;客观上是客房内的大量客用品及装饰材料都属易燃物质,客人多,流动性大,加上以"暗"服务为主,顾客的隐私度高等,在安全上有其致命的弱点。

四、建立客房安全制度

(一)跟房检查制度

凡客人退房后,服务员必须认真检查该房间,主要检查设备、物品是否损坏或遗失,酒水消耗以及是否有烟火隐患及其他的异常情况。

(二)巡楼检查制度

要求是每次巡楼必须检查以下五项内容。
(1)楼层上是否有闲杂人员。
(2)是否有烟火隐患,消防器材是否正常及齐全。
(3)门窗是否关好或损坏。
(4)房内是否有异常声响及其他情况。
(5)设备、设施是否损坏。

(三)酒店火灾报案制度

当发生火灾时,服务员要及时拨打酒店报警电话,监控中心接警后迅速赶到现场,切断着火层电源,酒店保安和义务消防一起积极配合扑灭起初火灾,火势蔓延时要及时拨打"119",拨打时要注意,说清起火单位的详细地址,具体起火部位;起火单位、燃烧物质;火势大小;报警人的姓名和联系方式。

（四）遗留物品处理制度

凡在酒店范围内拾获的一切无主物品,视为遗留物品。任何人拾获,必须交本部门保管,并作好记录。

（五）交接班制度

各当班人员必须在交班本及报表上以书面内容做好交班,并签上自己的姓名,必要的项目也应用口头表达清楚。

五、客房部安全问题的主要类型

（一）各类事故

(1) 浴室冷热水供应不正常,烫伤或冻着客人。
(2) 设施、设备年久失修或发生故障而引起的各种伤害事故。
(3) 地板太滑,楼梯、地毯安置不当,使客人摔伤。

（二）疾病传染

(1) 保持房间卫生的清洁(如杯具的消毒)。
(2) 布草的清洁(一客一换)。
(3) 卫生间设施的特别清洗消毒。
(4) 消灭害虫。

（三）偷盗及其他刑事案件

除偷盗行为以外,客房部有时还会发生以谋财害命为主要特征的抢劫、凶杀案件。有效防止盗窃及其他刑事案件的发生,是客房安全管理的主要任务。要做好客房部盗窃及其他刑事案件的防范工作应做好以下两个方面:员工应有良好的职业道德;做好客房钥匙门卡管理。

六、客房钥匙管理制度

酒店钥匙是关系到客人生命财产以及酒店本身安全的一个重要因素。钥匙管理是楼层安全管理的一个重要环节,一般应采取以下六项措施。

(1) 做好钥匙领用的登记制度。
(2) 非上班人员不得领取钥匙。
(3) 上班钥匙须随身携带,不得随处摆放。
(4) 禁止随便为他人开房门。

(5) 发现任何门锁孔上留有门卡或钥匙,服务员须敲门提醒客人取回门卡或钥匙,如属房内无人,要将门卡或钥匙取下报告部长并作好记录。

(6) 如不慎丢失钥匙或门卡,应及时上报,通知电脑操作员更改密码,必要时通知工程部换锁。

七、加强防范

(一) 从查核证件过程中注意

(1) 证件照片与面貌不相符。
(2) 印章模糊不清或有涂改现象。
(3) 证件已过有效期。

(二) 从言谈中注意

(1) 交谈过程中神态不正常,吞吞吐吐,含糊其词。
(2) 口音与籍贯不一致。

(三) 从举止中注意

(1) 进出频繁,神情异常,行动鬼祟。
(2) 用小恩小惠拉拢服务员。
(3) 经常去串其他客人的房间。
(4) 打探酒店其他客人的情况。
(5) 携带违禁物品。

发现可疑人员应主动通知各分岗及保安部,加强留意,如有异常情况,及时上报。

任务实施

活动目的

分小组认知客房区域中的各种安全设备。

活动要求

熟练掌握客房区域的安全设备。

活动步骤、活动评价

具体活动步骤及评价见表 5-1。

表 5-1 活动步骤及评价表

班级：_____ 姓名：_____ 时间：_____

序号	考核内容	考核要点	评分标准	总分	扣分	得分
1	熟悉位置	熟悉客房区域各种安全设备	熟悉设施设备	2分		
2	检查设备运行	能检查安全设备的运行情况	检查设备情况	3分		
3	使用熟练	熟练使用安全设施设备	使用安全设备（灭火器）	2分		
4	介绍准确	能独立向客人介绍安全设施设备和安全注意事项	灭火器的使用	1分		
5	安全检查	能独立使用《客房区域安全检查表》	完成检查表	2分		
		合计		10分		

评　价：　　　优秀 □　　　良好 □　　　基本掌握 □

教师评价：

小组评价：

自我评价：

任务二　消防安全

任务导入

2002年7月13日23时左右，北京凯迪克大酒店1020房间发生火灾，造成住在1022房间两名赴京旅游的香港女学生死亡，住在1021房间的一名韩国女学生受伤。

> 据调查，住在1020房间的香港男学生邓某（12岁）和李某（14岁）承认，7月13日22:40左右，在1020房间内划火柴玩，然后离开房间。经专家调查后，鉴定这起火灾的起火原因是人为明火所致。由此，警方认定火灾因邓某、李某玩火造成。（案例由专家本人提供）
>
> 凯迪克大酒店发生火灾以后，一些酒店吸取事故教训，要求客房不为客人提供火柴，未成年人入住必须有监护人陪同并负责其安全行为等。但是，酒店的消防安全管理，不能头痛医头、脚痛医脚，必须认识到消防安全的重要性，加强消防安全管理，努力消除各种消防安全隐患。

任务剖析

火灾时时刻刻对酒店构成巨大的威胁。它不仅直接威胁酒店内人员的生命和酒店财产安全，还会破坏酒店的声誉。应坚决贯彻方针：预防为主，防消结合。（一切工作安全第一、安全工作防火第一）。坚持机关与群众相结合的原则，实行防火安全责任制。

作为酒店员工，应了解消防"四懂""四会"。

"四懂"：懂得本岗位的火灾危险性；懂得预防火灾的措施；懂得扑救初起火灾的方法；懂得逃生的方法。

"四会"：会报警；会使用消防器材；会扑救初期火灾；会逃生。

一、消防基本知识

（一）灭火的原理与方法

燃烧的产生必须同时具备三个条件，即可燃物、助燃物和着火源。

1. 可燃物

凡能与空气中的氧气或其他氧化剂起剧烈反应的物质叫做可燃物质。例如，固体中的木柴、干草、棉花、纸张、布匹、地毯等，液体中的汽油、柴油、煤油、酒精等，气体中的氢气、煤气、电石气等。

2. 助燃物

凡是能够帮助和支持燃烧，起氧化作用的物质都叫助燃物。例如，氧气、高锰酸钾、氯酸钾等。

3. 着火源

凡是能引起可燃物质燃烧的热能源,都叫着火源。例如,火柴和打火机的火焰、燃着的烟蒂、蜡烛火、炉火、电线短路打火以及聚集的日光等。

(二) 防火的基本措施

根据燃烧的原理,一切防火措施都是为了不使燃烧形成,从而达到防火的目的。防火基本措施如下。

(1) 控制可燃物体,控制可燃物品的储存量。
(2) 加强通风,降低可燃气体、蒸气和粉尘的浓度,使它们的浓度控制在爆燃极限内。
(3) 用防火漆涂料浸涂可燃材料,提高其耐火极限。
(4) 隔绝空气:破坏燃烧的助燃条件。
(5) 消除着火源:破坏燃烧的热能源。
(6) 防止热爆炸波的蔓延:合理使用防爆膜、安全阀、防火间距、筑防火墙等阻止燃烧条件的形成。

(三) 灭火的基本方法

灭火就是为了破坏已形成的燃烧条件,灭火的基本方法有以下四种。

1. 隔离法

隔离法就是将正在燃烧的物质与未燃烧的物质隔离,孤立火源,使火势不致蔓延。如将火源附近的可燃、易燃和助燃物搬走,关闭可燃气体、液体管路的阀门,以减少和阻止可燃物质进入燃烧区,设法阻挡流散的液体,拆除火源毗邻的建筑物等。

2. 窒息法

窒息法就是隔绝空气,使可燃物无法获得氧气而停止燃烧。如用不燃或难燃物遮盖燃烧物,密封起火的建筑、设备的孔洞;把不燃的气体或液体喷洒到燃烧物上,或用泡沫覆盖燃烧面,使之得不到空气等。

3. 冷却法

冷却法就是降低着火物质温度,使之降到燃点以下而停止燃烧。如用水或二氧化碳气体喷洒在燃烧物上;用泡沫覆盖在燃烧物上降低其温度;或者喷洒在火源附近的物体上,使其不形成新的火灾。

4. 抑制法

抑制法就是中断燃烧的连锁反应,如将有抑制作用的灭火剂喷射到燃烧区,灭火剂参加到反应过程中去,终止燃烧,从而达到灭火的目的。

(四) 火灾分类

火灾分类具体如表 5-2 所示。

表 5-2 火灾分类

类型	可燃物类型	备注
A 类火灾	指固体物质火灾	木材、棉、毛、麻、纸张火灾等
B 类火灾	指液体火灾和可熔化的固体火灾	汽油、煤油、原油、甲醇、乙醇、沥青、石蜡火灾等
C 类火灾	指气体火灾	煤气、天然气、甲烷、乙烷、丙烷、氢气火灾等
D 类火灾	指金属火灾	钾、钠、镁、钛、锆、锂、铝镁合金火灾

二、火灾报警

（1）牢记火警电话"119"。

（2）接通电话后，要向接警中心讲清失火单位的名称、地址，什么东西着火，火势大小，有无人员被困，有无爆炸和毒气泄漏，以及着火范围。同时还要注意听清对方提出的问题，以便正确回答。

（3）随后把自己的电话号码和姓名告诉对方，以便联系。

（4）打完电话后，要立即派人到主要路口迎接消防车。

（5）要迅速组织人员疏通消防通道，清除障碍物，使消防车到达火场后能立即进入最佳位置灭火救援。

三、酒店消防设施及消防器材

（1）烟感报警器。

（2）手动报警装置。

（3）自动喷淋系统。

（4）消防卷帘门。

（5）干粉。

（6）ABC 灭火器。

（7）消防栓，消防水带一套（包括锁管卷盘一卷）。

（8）防烟防毒面具。

（9）高空救生缓降器。

任务实施

活动目的

让学生认识灭火器。

活动要求

熟练掌握灭火器的使用。

活动步骤、活动方法

活动步骤及活动方法如表5-3所示。

表5-3 活动步骤及活动方法

班级：_____ 姓名：_____ 时间：_____

序号	步骤	要点
1	开箱	打开消防栓箱门，按下手动警报按钮，按下按钮的同时启动消防泵以增加水的压力
2	连接	将消防水带的一端与消防栓出水口连接，迅速拉出水带跑向着火点，将水带另一端与水枪枪头连接，握紧枪头对准火源
3	开阀	逆时针转动阀门手柄，缓慢打开消防栓阀门至最大
4	灭火	握好水枪对准火焰根部进行
5	收捡	使用完毕后，应首先关闸门，然后分解消防水带，卸下接口，把堵头装好。按规范放回原位

任务三　处理突发事故

任务引入

王先生已经在酒店住了几天，热情周到的服务使王先生真正有了"宾至如归"的体验。一天早上，王先生正准备出门办事，正好碰上服务员小刘来打扫房间。打过招呼后，小刘发现王先生脸色不好，于是便问了句："王先生是不是哪里不舒服？"王先生说："有点感冒，不碍事。"小刘却把这事一直放在心上。下班后，小刘到医务室买了盒感冒药给王先生送去，可王先生还没回来，于是小刘将药放在房间的床头柜上，并附上纸条："王先生，您好！近段时间天气变化大，请注意身体！服务员：小刘。"晚上，房屋中心接到了王先生的致谢电话："太谢谢了，你们的服务真是很细心周到，到这儿就像在家一样！"

任务剖析

当酒店发生各类突发事件时,各部门能够采取统一、有效的及时行动,采取措施应对,将事件控制在最小范围,将损失降到最低。

一、突发事故的种类

影响酒店经营秩序的事故,在社会上产生较大影响,如火灾、爆炸、地震、死亡事故、大面积停电、洪水、中毒等。影响酒店经营秩序的事故,在社会上产生较大影响,如聚众闹事、斗殴、行凶、自杀、抢劫、绑架、台风事故、汛情事故、客人死亡、电梯事故关人、重大的诈骗案件和盗窃案件等。

二、突发事件处理的原则

客房处置原则及时、有效,将影响、损失降到最低。
(1) 及时控制现场,针对性地提出解决方案。
(2) 情况不明了或无法了解到情况时,必须及时根据事件性质通知相关政府职能部门和相关单位到场处理。

三、突发事件操作程序

一旦在酒店发生刑事、爆炸、地震等突发事件,要迅速将案情报告保安部,报案程序有三种。

(一)员工报案

发现案情的员工必须立即向监控中心报告,并简明扼要说明事发时间、地点、起因、过程、现状和报案人姓名、工号。报告必须符合事实,严禁虚报、谎报。

(二)宾客报案

任何接到宾客报警的部门,如总机、房务中心、大堂副理,必须按记录的五个要素(时间、地点、起因、过程、现状)问清再将情况报消防监控中心。

(三)消防监控中心监控设备发现案情

应立即通知当班主管或领班及保安巡逻员立即赶赴现场,进行跟踪录像,封锁现场,为解决事情提供第一手资料。

当保安部确认事件发生时,由保安部当值最高负责人按事件分级直接通知相关部门或指令总机值班人员以最快的方式通知有关部门。

总机值班人员接到指令后,立即使用电话按要求通知有关部门。

保安部在通知总机执行指令时,同时视事件情况及发展趋势决定是否需要向政府相关职能部门(如公安、消防、卫生、防疫等部门)汇报并求助。

总机在突发事件发生时间内,必须发挥联络中心作用,冷静、准确、快速传达指令,保证信息畅通。

如突发事件造成酒店内部通信中断,必须及时利用外线手机、对讲机、酒店应急广播、手持扩音喇叭,指定专人通信员负责通信等工具、方式报案及通报工作。

四、各类常见突发事件的预防与应对措施

(一) 自然灾害

当水灾、雷击、暴风、地震等自然灾害事故发生后,消防中心应马上确认受灾范围,并通知大堂副理、值班经理组织各部门值班人员对部门辖区内的受灾情况进行清查。

(1) 确认受灾范围应急处理,防止因自然灾害引发重大安全事故。

消防中心告知总机通知总经理及突发事件应急处置小组其他成员赶到指定区域,成立救灾指挥部,指挥各部门人员消除灾害,恢复营业。

(2) 各部门应对辖区内的电、气、油进行清查,防止出现泄漏引发火灾,发现存在隐患时应通知工程部立即关闭,严防自然灾害事故引发火灾。一旦出现火警,立即按"火灾应急预案"处理。

(3) 因灾害事故导致设施、设备严重受损时,若存在安全隐患,如幕墙或顶棚玻璃坠落、屋顶水池漏水等,应立即对可能出现安全事故的地面区域进行封锁,工程部安排紧急抢修,排除二次灾害隐患。

(4) 出现以上紧急情况,若需疏散人员,由救灾指挥部确定疏散路线并组织疏散。

(5) 事故报告。各部门在受灾清查、处理结束后,把情况汇总到酒店突发事件处置指挥部,由酒店突发事件处置指挥部出具事故报告。

(6) 善后处理。由酒店突发事件处置指挥部进行。

(7) 自然灾害预防措施。酒店行政办公室应及时收听气象部门播报的气象信息,并根据信息通知酒店各部门。酒店客房部接到通知后,根据本部门情况,合理制定操作程序来应对。相关部门应联合对酒店进行安全巡查,以便及时采取有效措施进行防范。

(二) 紧急停电事件

保护客人和员工的生命、财产安全,维护酒店正常营业秩序。

(1) 工程部应及时致电电力公司,了解停电情况及恢复供电时间。

(2) 保安部应及时安排人员至酒店大堂,维护大堂秩序。

(3) 应及时安抚客人情绪,告知客人停电原因及大概恢复供电时间。

（4）各部门应及时安排人员对本区域进行安全巡查，防止有人乘机不轨。保持各通道畅通，无物品摆放堆积，避免因光线不足，导致客人发生碰撞、摔跌。

（三）客人受伤

客人受伤是指客人在下雨天、卫生间地面湿滑、洗澡间水温失衡、地毯不平、家具尖角钉刺等条件影响下，发生滑倒、烫伤、割伤、电击伤等情况，对身体部分造成的伤害。客人受伤包括轻度伤害（瘀伤、表皮伤、挫伤等）和重度伤害（骨折、脱臼、血流不止等）。

（1）接到客人通知后，询问客人姓名、房号、性别和伤病情况。

（2）立即报告上级、大堂经理和安保部。由上级领导派人赶到现场，安抚客人，确认伤情。

（3）根据客人伤势采取不同措施。

①如客人伤势非常严重，应由大堂副理立即拨打电话，由医院派车将客人送到医院治疗。

②如客人伤势较重，应由大堂副理立即通知酒店司机安排车辆，陪同客人到医院治疗。

③如客人在夜间受伤，由值班经理派人陪同客人打车前往医院治疗，若需垫付医药费应知会财务，先借款后补手续。

④如客人表示不需到医院治疗，大堂副理可用医药箱内药物给客人简单处理伤口。

（4）客房部负责现场的清理工作。

工程部安排人员对客人受伤区域的相关设备进行检查，对有故障的设备予以维修。由管理层安排人员到医院看望伤者，向客人解释原因，并安抚客人。

（四）客人疾病

（1）发现客人疾病应请主管或经理尽快赶到现场。

（2）通知大堂副理，征求客人意见在可能的情况下通知客人的单位和家属。

（3）急客人之所急，想客人之所想，尽可能为客人提供应有的服务，送上热开水，或为其送餐等，尽可能地满足客人的各项需求。

（4）经常查看、询问客人有无需要协助的事项并经常关心客人病情以免出现突发事件。

（5）客人病情较严重时应立即与医务室联系或马上送至医院抢救，不可自作主张，耽误客人病情。严禁擅自拿药给客人吃。

（五）客人死亡

（1）客人死亡分正常死亡和非正常死亡。客房部在得到客人死亡的消息后，要立即向安全部报告，安全部人员在接到客人死亡的报告后，应立即会同大堂副理赶赴现场，同时向总经理报告。

（2）若客人生命垂危，要由安全部、大堂经理和医务人员立即送医院抢救。同时要求有与其同行的亲属、同事、领队一同前往。

（3）经医务人员诊断，客人确已死亡，要派人保护好现场，对现场的一切物品都不得挪动,严禁无关人员接近现场,由大堂副理向公安机关报告。除向上级领导和公安部门汇报外,任何人不得对外泄露情况。

(4) 及时了解客人的各种情况,详细记录抢救、死亡及处理的全过程并留存,为下一步处理工作做好准备。

(5) 客房彻底清扫并严格消毒。

任务实施

活动目的

根据本部门实际情况,完成紧急情况安全疏散演习。

活动要求

熟练掌握安全疏散演习程序。

活动步骤、活动评价

活动步骤、评价见表5-4。

表5-4 活动步骤及评价表

班级:_____ 姓名:_____ 时间:_____

序号	考核内容	考核要点	评分标准	总分	扣分	得分
1	撤离有序	疏散演练撤离有序,能快速到达集合地点,撤离走楼梯,不先于客人到达地点	(1)有序撤离 1分 (2)不先于客人撤离 1分	2分		
2	保障财产安全	关锁房门,在保证安全的情况下,能够顾及酒店	按要求关闭房门	3分		
3	能够制作完成应急预案	能够根据所在部门实际情况,制定本部门的疏散应急预案	制作完成安全预案	5分		
合计				10分		

评　　价:　优秀 □　　良好 □　　基本掌握 □

教师评价:

小组评价:

自我评价:

任务拓展

火灾发展的四个阶段

（1）初起火灾：起火后几分钟里，燃烧面积不大，烟气流动速度较慢，火焰辐射出的能量还不强，周围物品和结构开始受热，温度上升不快。初起阶段是灭火的最好时机，也是人员疏散最有利的时段。因此，应设法将火灾及时控制、消灭在初起阶段。这个时间最好在3—5分钟内。

（2）发展阶段：燃烧面积扩大，燃烧速度加快。

（3）猛烈阶段：燃烧强度最大，热辐射最强。

（4）下降和熄灭阶段：逐渐减弱，直至熄灭。

项目小结

安全是我们生活中不可缺少的，了解酒店的火灾报警系统，掌握灭火的基本要求，熟练掌握突发事故的处理，是作为酒店客房服务人员应具备的素质。

项目训练

一、知识训练

1. 火灾报警系统包括哪些设备？
2. 灭火的基本方法有哪些？
3. 客房的突发事件有哪些？
4. 酒店处理突发事件的基本原则是什么？
5. 如何处理客人受伤的事件？
6. 到一家酒店参观，写一篇有关该酒店安全设施设备配备的调查报告。

二、能力训练

金泉大酒店的意外火灾

金泉大酒店客房部员工小谢，在员工休息室将3条湿毛巾用电暖器进行烘干，其间一直无人照看。20时左右，住在320房间的客人张小姐在看电视时感到烟气呛人，便走出房间了解情况。酒店经理发现走道全是烟雾，同时员工休息室已经着火，便立即通知酒店客人、员工撤离酒店，并拨打"119"报警。

经调查，该起火灾是员工休息室房间的电源插座板与导线接触不良，在通电负载情况下局部接触电阻过大而发热引燃导线绝缘层和可燃装饰材料所致。金泉大酒店包括餐饮、住宿、娱乐等,楼高21米,共七层,总建筑面积4200平方米。整个大楼自下而上均采用了木龙骨、三夹板、海绵、墙纸等可燃材料装修,地面铺有人造纤维地毯。建筑面积675平方米,共有21间客房,中间设一走道。

💡 **思考:**

1.客房部员工小谢在工作中是否存在火灾隐患?请具体说明。

2.如果酒店经理通知你立即进行火警报警,拨通"119"火警电话后,你要说些什么?

附录　客房部工作用语(中英文对照)

一、客房服务基本用语

（一）问候及应答

1. 早上好,先生!
Good morning,sir!

2. 下午好,女士!
Good afternoon,madam!

3. 晚上好,约翰先生!
Good evening,Mr. John!

4. 随时为您服务。
I am at your service.

5. 节日快乐!
Have a good holiday!

6. 生日快乐!
Happy birthday!

7. 圣诞快乐!
Merry Christmas!

8. 新年快乐!
Happy new year!

9. 欢迎来到我们酒店。
Welcome to our hotel.

10. 我是楼层服务员,需要帮忙吗?
I'm an attendant on this floor,what can I do for you?

11. 这里是七楼服务台,需要帮忙吗?
Seventh floor service desk,can I help you?

12. 还有什么可以为您效劳的吗?
What else can I do for you?

13. 先生,这里还有其他需要我做的吗?
Is there anything else,sir?

14. 祝您住店愉快。

I hope you'll enjoy your stay here.

15. 我非常高兴为您服务。

I'm very glad to be of service to you.

16. 您今天过得怎么样,布朗先生?

How are you today, Mr. Brown?

17. 再次见到您真高兴。

It's good to see you again.

18. 你一定是布莱恩特教授。

You must be professor Bryant.

19. 您是凯里夫人吗?

Are you Mrs. Cary?

20. 不用谢。

Not at all.

21. 没关系。

That's all right.

22. 别提了。

Don't mention it.

23. 感谢你的提醒。

Thank you for your advice.

24. 这是我的荣幸。

It's my pleasure.

25. 对不起,先生(小姐)。

I'm sorry, sir(madam).

26. 对不起,打扰你了。

I'm sorry to trouble you.

27. 对不起,让您久等了。

I'm sorry to have kept you waiting.

28. 我们做得还不够好。

We haven't done well enough.

29. 希望您能原谅我。

I hope you'll forgive me.

30. 没关系。

It doesn't mater.

31. 别放在心上。

Never mind.

32. 别担心。

Don't worry about it.

(二) 引领客人进房间

1. 请出示您的房卡,先生。
Could you tell me your room number please,sir?
2. 女士,可以知道一下您的房号吗?
May I know your room number,madam?
3. 女士,我可以领您到房间吗?
May I show you to your room,madam?
4. 先生,请您先走。
After you,please,sir.
5. 请跟我这边走。
Please follow me and come this way.
6. 请这边走。
This way,please.
7. 请一直往前走。
Keep going.
8. 请跟我来。
Please follow me.
9. 请问,这是您的行李吗?
Is this your luggage?
10. 我能帮你提箱子吗?
May I help you with your suitcase?
11. 一直往前走,然后往左拐。
Please walk straight ahead and turn left.
12. 您的房间靠近电梯。
Your room is near the elevator.

(三) 介绍房间

1. 这是您的房间,请进!
Here it is,sir! /Here you are,sir! /This is your room,please! (Go in/This way,please!)
2. 请用香巾。
Have a wash,please.
3. 请用茶。
Have some Chinese tea,please.
4. 我们酒店是五星级酒店。
Our hotel is a 5 star hotel.
5. 先生,这是电灯开关,那是温度调节器。

This is the light switch and that is the temperature adjuster, sir.

6. 先生,电视机开关在床头柜上,您按这按钮就可以打开电视。

Sir, the TV power button is on the bedside cupboard. You can turn on the TV by pressing the button.

7. 这里是电视,电视中有一些英文节目。

Here is the television. There are some English programs on the TV.

8. 保险箱在壁橱里。

The safe is in the wardrobe.

9. 这是小酒吧,里面有多种酒水和饮料。

This is the minibar, there are several kinds of wine and beverage in it.

10. 如果您想在房间里用餐,您可以与送餐部联系,分机号是4。

If you want to have dinner in your room, you can contact the Room Service. The extension number is 4.

11. 您有什么需求,请拨打房务中心电话"66"。

If you need any help, please dial "66".

(四) 清洁房间

1. 我是客房服务员,我可以进来吗?

Housekeeping. May I come in?

2. 我可以进入房间吗?

May I come in?

3. 现在可以为您收拾房间吗?

May I do the turn-down service for you now?

4. 先生,您什么时候方便?

What time would it be convenient, Sir?

5. 对不起,打扰您了,我现在可以打扫房间吗?

I'm sorry to disturb you. May I clean your room now?

6. 我可以小整理一下房间吗?

May I make the bed(s) now?

7. 对不起,先生,我可以继续清扫吗?

Excuse me, sir. But I haven't finished. Shall I continue?

8. 对不起,我打扫完这间房后立即为您清扫。

Excuse me, I'll clean your room as soon as I've finished this one.

9. 我将立刻过来清扫房间。

I'll come and clean your room immediately.

10. 我们总是按照要求尽早整理房间。

We always get rooms made up early on request.

11. 打扫卫生一般需要半个小时。

It usually takes half an hour to finish cleaning.

12. 您还有什么事需要我做的吗？

Is there anything I can do for you?

13. 祝您休息好。

Have a good rest.

（五）洗衣服务

1. 您有什么要洗的吗？

Have you any laundry?

2. 请问您今天要洗衣服吗？

Would you have some laundry today?

3. 只要把它烫平,是吗？

Is this for pressing only?

4. 您的这件衣服适合干洗,但您填写的是水洗单,请问您需要更改吗？

We think your shirt is suitable for dry-cleaning, but you filled in the washing list. Do you need to change it?

5. 对不起,您的衬衣在洗的时候损坏了。

Sorry, your shirt was damaged in the wash.

6. 您要快洗服务还是普通服务？

Would you like express service or ordinary service?

（六）维修服务

1. 是喷头坏了吗？

Is there something wrong with the shower nozzle?

2. 别担心,我们肯定能马上修好。

Don't worry, we are sure to have it fixed right away.

3. 我们会马上派人来维修。

We'll send someone to repair it immediately.

4. 请稍等,我马上通知维修工。

Just a moment, I'll send the repairman to your room at once.

5. 对不起,今天我们的有线电视在维修,下午可能会好。

Sorry, the cable TV is under examination and repair today, it probably will be this afternoon.

6. 哪里坏了？

What's the trouble?

7. 好的,先生。我马上就回来。

Certainly, sir. I'll be back right away.

8. 请稍等几分钟。

Please wait just a few minutes.

9. 请稍等一下,我马上为您办好。

Just a moment, I'll do it right now.

(七)其他服务用语

1. 如果有人找我,请告诉他(她)我在9点以后回来。

If someone asks for me, please tell him(her) that I'll be back at nine o'clock.

2. 您要留口信吗?

Would you like to leave a message?

3. 您能给我一些信封和信纸吗?

Would you please give me some envelopes and writing paper?

4. "卫生间的香皂用完了,请给我再添一块新的好吗?"

"请稍等,我马上把香皂送到您的房间。"

"The soap in the toilet is used up. Can you please give me a new one?"

"I'll sent it/them up to your room, just one moment."

5. 好,我马上就去办。

Ok, I'll do it immediately.

6. 好,我马上给您查一下。

I'll check it for you right away.

7. 我们马上给您送到房间。

We'll send it up to your room right now.

8. 我很抱歉听到这些。

I'm extremely sorry to hear that.

9. 请问您需要补……(饮料名称)

Would you like some more...?

10. 十分感谢您能这样说。

It's very kind of you to say so.

11. 请坐。

Have a seat.

12. 晚安,明天见。

Good night, See you tomorrow.

(八)道别

1. 希望能再次见到您。

We hope to see you again.

2.希望能再有机会为您服务。

We are looking forward to another chance to serve you.

3.一路平安。

Have a nice trip.

4.祝您旅途愉快。

Happy journey.

5.多保重！

Take care!

二、客房词汇（词组）

1.客房部 housekeeping department

2.客房设施 room facilities

3.门 door

4.门把手 door handle

5.锁 lock

6.防盗眼/猫眼 spy hole/spy eye

7.衣柜 wardrobe

8.衣柜滑门 wardrobe sliding door

9.衣柜灯 wardrobe light

10.衣架 hanger

11.西装架 suit hanger

12.裙架 skirt hanger

13.裤架 trousers hanger

14.衣镜 dressing mirror

15.保险箱 safe box

16.小冰箱/小酒吧 mini bar

17.酒柜 cocktail cabinet

18.行李架 baggage rack

19.写字台 writing table

20.梳妆台 dressing table

21.抽屉 drawer

22.电视机 TV set

23.遥控器 remote control

24.咖啡桌 coffee table

25.椅子 chair

26.床垫 mattress

27. 床头板 headboard
28. 床头柜 bedside cupboard
29. 挂画 picture
30. 电话 telephone
31. 文具用品 stationery
32. 活页夹 folder/file
33. 圆珠笔 ball pen
34. 铅笔 pencil
35. 信纸 writing paper
36. 信封 envelope
37. 服务指南 service directory
38. 电话索引 telephone directory
39. 电视节目指南 movie guide
40. 宾客意见书 guest's evaluation
41. 导游图 guide map
42. 酒店简介 hotel's brief introduction
43. 房价表 room rates/room tariff
44. 客房物品配置单/赔偿价格单 room equipment price list
45. 饮料单 room drink list
46. 记事本 memo
47. 台灯 desk/table lamp
48. 床头灯 bed-side lamp
49. 落地灯 floor lamp
50. 壁灯 wall lamp
51. 挂灯 hanging pendant
52. 吸顶灯 ceiling fitting lamp
53. 应急灯 emergency lamp
54. 卧具 Linen
55. 床罩 bed cover
56. 枕套 pillow case
57. 枕头/枕芯 pillow
58. 床垫罩单 fitted sheet
59. 床单 flat sheet
60. 毛毯 blanket
61. 鸭绒被 comforter
62. 被子 quilt
63. 地毯 carpet

64. 大巾/浴巾 bath towel
65. 中巾/毛巾 towel
66. 细巾/手巾 hand towel
67. 地巾/脚巾 floor towel/bath mat
68. 浴巾架 towel rack
69. 毛巾架 towel bar
70. 防滑垫 skidproof mat
71. 浴室 bathroom
72. 卫生间 toilet
73. 浴缸 bathtub
74. 浴帘 shower curtain
75. 莲蓬头 shower head
76. 水龙头 tap
77. 电吹风 hair-dryer
78. 镜子 mirror
79. 插座/多功能插座 socket multi-function socket
80. 剃须刀 shaver/razor
81. 牙刷 tooth brush
82. 牙膏 tooth paste
83. 梳子 comb
84. 香皂 soap
85. 枧盅/肥皂碟 soap dish
86. 洗发液 shampoo
87. 沐浴液 bath foam
88. 浴帽 shower cap
89. 漱口杯 gargle cup
90. 洗脸盆 washbasin
91. 玻璃杯 glass
92. 杯垫 coaster
93. 抽水马桶 toilet/water closet
94. 马桶水箱 water tank
95. 厕纸 toilet paper
96. 卫生袋 sanitary bag
97. 拖鞋 slippers
98. 亮鞋擦 shoe shine
99. 针线包 sewing kit
100. 烟灰缸 ashtray

101. 窗帘 curtain
102. 滑动窗 sliding window
103. 礼品袋 present bag
104. 洗衣袋 laundry bag
105. 洗衣单 laundry list
106. 干洗及熨衣单 dry-cleaning and pressing list
107. 烫衣板 ironing board
108. 熨斗 iron/flat iron
109. 早餐门牌 doorknob menu
110. 茶叶 tea
111. 红茶 black tea
112. 乌龙茶 oolong tea
113. 茉莉花茶 jasmine tea
114. 绿茶 green tea
115. 咖啡 coffee
116. 咖啡伴侣 coffee mate
117. 糖 sugar
118. 盖杯 lidded cup
119. 袋泡茶 tea bag
120. 冷水壶 cold water kettle/pot
121. 热水壶 thermos bottle
122. 汤匙 spoon
123. 碟子 plate
124. 托盘 tray
125. 饮料 drink
126. 可口可乐 coca-cola
127. 喜力啤酒 Heneiken beer
128. 百威啤酒 Budweiser beer
129. 青岛啤酒 Tsingtao Beer
130. 椰子汁 coconut milk
131. 矿泉水 mineral water
132. 红牛 redbull drink
133. "请勿打扰"牌 do not disturb
134. 门框 door frame
135. 开关 switch
136. 空调 air conditioner
137. 温度调节器 temperature adjuster

138. 空调格 air conditioner vent
139. 烟雾感应器 smoke sensor
140. 自动洒水器 sprinkler
141. 垃圾桶 waste basket
142. 紧急出口 emergency exit
143. 服务按钮/铃 bell button/call button
144. 赔偿 compensation
145. 免费 free of charge
146. 早餐券 breakfast voucher
147. 泡茶 make tea
148. 铺床 make a bed
149. 中国日报 China Daily
150. 投诉 complaint
151. 处理投诉 settle a complaint
152. 无烟楼层 no smoking floor
153. 微笑服务 smiling service
154. 身份证 identity card/ID card
155. 护照 passport
156. 留言 leave a message
157. 贵重物品 valuables
158. 楼层服务台 floor station
159. 楼层服务员 chamber maid/floor attendant
160. 楼层领班 room supervisor
161. 电梯 elevator/lift
162. 胶水 glue
163. 剪刀 scissors
164. 变压器 transformer
165. 拉开窗帘 draw the curtains
166. 拉上窗帘 draw back the curtains
167. 照相机 camera
168. 叫醒服务 wake-up call
169. 健身设备 fitness facilities
170. 健康秤/体重 bathroom scales
171. 加床 extra bed
172. 标准床 Standard bed

参 考 文 献

[1] 沈艳.客房服务实训教程[M].北京:科学出版社,2007.
[2] 汝勇健.客房服务员[M].2版.北京:中国劳动社会保障出版社,2010.
[3] 支海成.客房服务[M].北京:高等教育出版社,2000.
[4] 浙江省旅游学校.星级饭店服务[M].北京:高等教育出版社,2000.
[5] 范运铭,陈莹.客房服务与管理[M].3版.北京:高等教育出版社,2012.
[6] 徐文苑.酒店客房服务与管理[M].武汉:华中科技大学出版社,2017.

教学支持说明

中等职业教育旅游类示范院校"十四五"规划教材系华中科技大学出版社重点规划教材。

为了改善教学效果,提高教材的使用效率,满足授课教师的教学需求,本套教材备有与教材配套的教学课件(PPT 电子教案)和拓展资源(案例库、习题库等)。

为保证本教学课件及相关教学资料仅为教材使用者所得,我们将向使用本套教材的授课教师和学生免费赠送教学课件或者相关教学资料,烦请授课教师和学生通过电话、邮件或者加入旅游专家俱乐部QQ群等方式与我们联系,获取"教学课件资源申请表"电子文档,并准确填写后发给我们,我们的联系方式如下:

地址:湖北省武汉市东湖新技术开发区华工科技园华工园六路

邮编:430223

电话:027-81321911

E-mail:lyzjjlb@163.com

旅游专家俱乐部 QQ 群号:1005665955

教学课件资源申请表

填表时间：_____年___月___日

以下内容请按实际情况写，以详尽、字迹清晰为盼，☆为必填项，如方便请惠赐名片！							
☆教师姓名		☆性别	□男□女	出生年月		☆职务	
						☆职称	□教授 □副教授 □讲师 □助教
☆学校				☆院/系			
☆教研室				☆专业			
☆办公电话			家庭电话		☆移动电话		
☆E-mail（请清晰填写）					QQ		
☆联系地址					邮编		

☆现在主授课程情况	学生人数	教材所属出版社	教材满意度
课程一			□满意 □一般 □不满意
课程二			□满意 □一般 □不满意
课程三			□满意 □一般 □不满意
其 它			□满意 □一般 □不满意

教材或学术著作出版信息						
方向一		□准备写	□写作中	□已成稿	□已出版待修订	□有讲义
方向二		□准备写	□写作中	□已成稿	□已出版待修订	□有讲义
方向三		□准备写	□写作中	□已成稿	□已出版待修订	□有讲义

请教师认真填写表格下列内容，提供索取课件配套教材的相关信息，我社根据每位教师填表信息的完整性、授课情况与索取课件的相关性，以及教材使用的情况赠送教材的配套课件及相关教学资源。

ISBN(书号)	书名	作者	索取课件简要说明	学生人数（如选作教材）
7-5609-(　　)			□教学 □参考	
7-5609-(　　)			□教学 □参考	

您对配套课件的纸质教材的意见和建议：